KB057889

아시아의
보훈과 민주주의

보훈공단
보훈교육연구원
보훈문화총서
12

아시아의
보훈과 민주주의

보훈교육연구원·신한대학교 탈분단경계문화연구원 기획
서운석 이경묵 심주형 이영진 전수미 임수진 지음

보훈, 우리 모두의 것이기 위하여

보훈은 대한민국의 독립, 호국, 민주를 위한 희생과 공헌에 대한 국가적 차원의 보답이자 그 정신을 선양하는 행위이다.(「국가보훈기본법」 제1조, 제3조) 보답과 선양으로 국민 통합과 국가 발전에 기여한다는 것이 보훈의 기본 이념이자 근본 목적이다.(제2조) 국가를 위한 '희생'과 '공헌'에 대한 '보답', 정신의 '선양', 그로 인한 '국민통합'이 보훈을 이해하는 열쇳말인 셈이다.

이때 국민통합은 모든 국민이 동일한 의견을 지니고 획일적으로 행동한다는 뜻이 아니다. 한국 보훈의 역사에서 희생과 공헌에 대한 기억과 그것이 파생시키는 의미들의 층위는 다양하고 스펙트럼도 넓다. 국민 모두가 보훈에 대한 단일한 생각을 가지고 있지도 않다. 이런 상황에서 특정 태도나 이념을 일방적으로 주입하려다가 자칫 다른 생각과 갈등하며 충돌하게 될 수도 있다. 보훈이 자칫하면 사회 갈등의 계기가 될 수도 있다는 말이다.

가령 일제강점기 '항일' 독립 운동가들을 국가유공자로 예우하는 행위의 이면에는 '친일' 세력은 청산되어야 한다는 요청이 들어 있지만, 친일이 불가피한 현실이라 생각하며 살아온 이들을 중심으로 친일도 한국 역사의 일부가 되었다. 해방 이후에도 이 문제를 제대로 청산하지 못하면서 이는 여전히 사회적 갈등의 한 원인으로 작용하기도 한다.

한국인의 '호국' 이념에는 북한 및 공산주의를 적대하며 전쟁까지 했던 경험이 녹아 있어서, 호국주의자들에게 북한을 포용하려는 자세는 위험스러운 이적행위처럼 여겨지곤 한다. 그렇다고 해서 좁은 의미의 호국주의에 머물면 그 역시도 사회 갈등을 야기하고 국민통합을 저해하는 요인이 될 수 있다.

'민주'도 독재라는 대항세력을 전제하지만, 민주든 독재든 모두 한국인이 한국의 역사 안에서 경험해 온 일일뿐더러, 나아가 민주에 대한 이해조차 진보냐 보수냐에 따라 다를 때가 많다. 그러다보니 같은 민주의 이름으로 '민주공화주의'와 '자유민주주의'가 부딪히기도 한다. 독립, 호국, 민주에 대한 자기중심적 목적

의식과 정치적 작동 방식 등이 복잡하게 얽혀 있거나 때로는 충돌하면서 국민통합이라는 보훈의 이념과 목적을 어려운 과제로 만들곤 하는 것이다.

그동안 보훈과 관련한 이러한 심층적 문제의식이 공론의 장으로 충분히 나오지 못했다. 국가가 독립, 호국, 민주의 정신과 가치를 주도적으로 계승하면서도 마치 이들이 별개의 것인 양 따로따로 교육하고 선양하는 경향이 컸다. 이들을 유기적으로 연계시키기 위한 노력은 상대적으로 적었다. 그러다 보니 국민은 국민대로 보훈이 국민통합에 기여한다는 생각을 할 수 있는 기회를 제대로 갖지 못했다. 보훈정책 및 보훈의 문화화에 책임이 있는 이들이 보훈에 얽힌 심층적 문제의식을 더 분명히 하면서 보훈이 국민 속으로 들어가도록 해야 할 뿐만 아니라, 국민이 보훈에 대해 자발적이고 긍정적으로 생각할 수 있도록 더 많은 기회를 만들어내야 하는 것이다.

제일 좋기로는 보훈에 대한 국가와 국민의 생각 간에 공감대를 확대시키는 것이다. 그러려면 국민이 보훈의 진정한 통합적 가치에 대해 생각할 수 있는 기회를 자주 만들어야 한다. 그리고 국가는 국민의 생각을 존중하고 다양한 생각을 조화시키며 적절히 포용해야 한다. 국가는 독립, 호국, 민주라는 가치의 유기적 관계성을 설득력 있게 정책에 담아내고 보훈 연구자들은 따뜻한 철학으로 이를 뒷받침해야 한다. 특정 정권이나 이념을 위해서가 아니라, 공정한 사회의 건설과 건전한 국민통합을 위해서이다.

물론 정부(국가보훈처)에서는 오랫동안 이와 관련한 다양한 정책을 펼쳐 왔다. 가령 오랜 군복무로 국가안보에 기여한 제대군인에 대한 지원을 강화하고, 다양한 보훈대상자들이 어디서든 불편 없이 진료받을 수 있도록 한국보훈복지의료공단 산하 보훈종합병원들과 연계하는 '위탁병원'을 지역 곳곳에 확대하고 있다. 국가유공자와 보훈보상대상자를 위한 복지와 의료 정책에 인공지능과 빅데이터를 활용하기도 한다.

그러면서 보훈의 방향을 순국선열, 애국지사, 전몰군경, 전상군경 등 전통적인 국가유공자들을 예우하되(『국가유공자예우등에관한법률』 제4조), 민주유공자와 사회공헌자는 물론 '국가사회발전특별공로자'와 같은, 시민의 일상생활에 좀 더 어울리는 유공자들을 적극 발굴하겠다는 의지를 표명하기도 한다. 이 모두 보훈대상자들을 연결고리로 국가와 국민을 연결시키겠다는 문제의식의 발로라고 할 수 있다. 현 정부에서 "든든한 보훈"을 슬로건으로 내걸고 있는 이유이다.

"따뜻한 보훈"을 모토로 한 적도 있다. 현장과 사람 중심의 보훈을 기반으로 국민과 함께 미래를 여는 정책을 펼치겠다는 것이었다. 모두 적절한 슬로건과 모토이다. 어떤 슬로건이든 국가유공자-국민-국가가 서로 연결되고 순환하는 체계를 만들어나가겠다는 취지에서 서로 통한다. 어떻게 하든 희생과 아픔에 대한 인간의 원천적 공감력에 호소하면서 국민 혹은 시민사회가 보훈을 자신의 과제로 삼을 수 있는 바탕을 다져 가는 일이 중요하다.

가장 근본적인 것은 어떤 종류의 것이든 희생이 더 이상 나오지 않는 사회를 만들어가는 일이다. 만일 국가와 사회를 위한 능동적 희생자가 발생하는 경우에는 국가와 국민이 더 보답하고 계속 기억할 수 있는 문화를 조성해 가는 일이다. 그러려면 보훈이 흔히 상상할 수 있는 전쟁 중심의 이미지에 머물지 말고, 국민 한 사람 한 사람의 일상적 정서에 와 닿을 평화 지향의 보훈으로 계속 전환해 가야 한다. 국경 중심의 근대 민족국가의 범주에 갇히지 말고 보훈의 이름으로 인간의 아픔에 공감할 줄 아는 보편적 인류애에 호소하며 그 범주를 넓혀 가야 한다. 그렇게 세계가 축복할 수 있을 보훈정책의 모델을 한반도에서 만들어내야 한다.

그동안 보훈 관련 각종 정책 보고서는 제법 많았다. 그러나 대부분 일반인의 손에는 닿을 수 없는 전문가의 책상과 행정부서

깊은 곳에 머물렀다. 보훈의 역사, 이념, 의미, 내용 등을 국민적 눈높이에서 정리한 대중적 단행본은 극소수였다.

이러한 현실을 의식하며 보훈교육연구원에서 일반 국민이 쉽게 접근할 수 있도록 대중적 차원의 「보훈문화총서」를 기획하고 지속적으로 출판하고 있다. 국가와 국민 사이에 보훈에 대한 공감대를 만들고 넓히기 위한 기초를 다지는 일이라고 할 수 있다. 더 많은 이들이 이 총서를 읽고 보훈이 우리 모두와 연결된, 우리 모두의 것이라는 의식이 더 확대되면 좋겠다. 총서가 보훈을 무덤덤한 '그들'만의 이야기가 아니라 '우리'의 따뜻한 이야기로 이끄는 계기가 되면 좋겠다. 보훈도 결국 인간의 아픔과 아픔에 대한 공감의 문제라는 사실을 인식하면서 인간의 얼굴을 한 따뜻하고 든든한 보훈문화가 형성되어 가면 좋겠다.

2021년 12월

보훈교육연구원장 이찬수

아시아의 보훈과 민주주의

아시아의 보훈과 민주주의

한국의 보훈과 민주주의

: 민주 영역의 확장을 위하여

서운석_ 보훈교육연구원

1. 들어가는 글

우리 사회의 역사는 보훈의 역사라고 해도 과언이 아닐 정도로 우리 사회 발전에 미친 보훈의 역할은 지대하다. 우리 사회 민주와 관련해서도 이러한 논리는 그대로 적용될 수 있다. 여기에서는 보훈의 영역 중 특히 민주 발전에 대해 이해하기 쉽도록 접근하고자 한다.

우리 근현대사와 보훈은 불가분의 관련성이 있다. 이런 측면을 바탕으로 현 시점에서의 보훈의 의미와 가치를 생각해 본다. 우리 사회에서 역사를 기억하는 것은 사실적이고 중립적인 정보를 기억하는 것이 아니고, 우리 사회가 나아가야 할 방향을 탐구하는 가치의 판단을 전제로 한다. 그래서 보훈의 역사는 우리 사회 변화와 혁신의 동력이 되는 것이다.

특히 보훈과 관련한 역사적 사실과 기억은 현재 우리 삶의 자리에서 우리의 과오를 반성하고 이를 극복하려는 의지의 표상이다. 그리고 이는 다시 더 나은 내일의 기회를 열려는 노력과 연결된다. 예를 들어 대한민국임시정부는 3·1운동 약 한 달 뒤인 1919년 4월 11일 국호를 '대한민국'으로, 헌장 1조에 정체를 '민주공화제'를 명시했다. 이처럼 일제의 극악한 핍박 속에서도 피워낸 민주공화제의 가치와 이상이 군부독재에 의해 어떻게 질식되었는가를 돌아봐야 한다. 그리고 이런 과오를 극복하기 위해 누가 어떤 희생과 공헌을 했는지 알고 이에 감사해야 한다. 또 우리 사회는 이를 어떻게 기억하고 이어갈지 스스로 물어야 한다는 점도 중요하다. 그리고 이렇게 이룩한 우리 사회의 민주화는 어떻게 발전시켜 나가야 하는가를 생각하고, 이를 위해 성심을 다해 실천하는 것이 보훈 의식이고 보훈 문화의 중요한 부분이 된다.

현재 우리 사회의 민주주의가 완벽한 것은 아니다. 오히려 다른 사회에 비해 여전히 뒤처져 있는 부분도 적지 않다. 이런 점을 부인할 필요는 없다. 그러나 분명한 점은 우리 사회의 민주화를 위해서 희생한 국가유공자들의 헌신과 이들의 뜻을 기억하고 키워나가려고 하는 노력이 우리 사회 민주주의 발전의 중요한 동력이라는 것이다. 이 점은 우리 사회가 어제보다는 오늘이 더욱 좋은 상태에 있다는 사실에서 볼 수 있다. 그리고 우리 사회가 이렇게 될 수 있었던 바탕은 당연히 민주주의 발전이다.

이런 바탕이 흔들리지 않는다면 정부와 기업 등 사회 구성체들도 우리 사회가 계속해서 발전할 수 있는 환경을 조성해 나갈 수밖에 없게 된다. 민주화된 사회라면 만약 이런 기준에서 벗어나는 경우가 발생할 경우, 이전에 민주유공자들이 몸소 한 것처럼 다시 민주주의를 위한 희생을 각오하고 변화를 요구할 것이기 때문이다. 더 민주적인 사회가 더 많은 희망과 노력을 부를 수 있다. 더 자유로운 사회가 국가와 개인 모두에게 더 유리하다. 우리 사회를 지탱하는 보훈에서 민주에 대한 관심과 발전을 도모하는 이유가 여기에 있다. 이후에는 보훈에서 민주 영역 기념사업에 대한 소개와 민주 영역에서의 발전 방향에 대해 좀 더 자세하게 고찰해 보겠다.

2. 민주 관련 보훈 기념행사

보훈은 국가를 위한 공헌 또는 공헌으로 간주할 수 있는 희생이 있다는 것을 전제로 그에 상응하는 국가적 차원에서 행하는 유·무형의 물질적·정신적 보답 행위로 정의할 수 있다. 이런 보훈제도의 목적은 직접적으로는 국가유공자들의 공헌과 희생에 대해 응분의 경제적·사회적 보상을 행하는 것이며, 그리하여 국가유공자들이 보람과 긍지를 가지고 영예로운 생활을 할 수 있도록 실질적으로 보장하는 것이다. 그리고 본질적으로는 국가유공자들의 공헌과 희생을 애국 정신의 귀감으로 존중하여 우리들과 우리들의 자손에게 나라 사랑 정신을 함양하는 데 있다. 더 나아가 궁극적으로는 범국민적으로 보훈 문화 확산을 통해 국민적 화합의 장으로 발전시켜 나가는 것이다. 즉, 보훈은 국가의 공동체 의식과 정체성을 배양하고, 안보 역량을 강화하여 국가 사회를 유지·발전시키는 고도의 상징적 국가 기능이라고 하겠다.

이런 상징적 보훈정책 영역 중에서 특히 선양정책은 국가유공자의 숭고한 정신을 기리고 이들의 나라 사랑 정신이 국민들과 자손들에게 애국심의 귀감이 되고 항구적으로 존중되도록 계승·발전시키는 것이라고 할 수 있다. 그리고 이런 노력은 결국 나라 사랑이라는 한 점으로 귀결된다. 이에 따라 선양정책은 국민들에게 나라 사랑 정신을 널리 알려 계승·발전시키도록 하는 것이 가장 큰 목적이며, 이런 정신을 국가와 사회 공동체 전체의 정신으로 승화시키는 일련의 과정들을 의미한다고 하겠다(김종성, 2005; 서운석, 2018a; 서운석, 2020a).

이런 선양정책의 의의와 관련하여 특히 중요한 사업이 보훈 기념행사이다. 민주 영역에 대한 발전방향을 생각해 보기 전에 먼저 민주 관련 보훈 기념행사의 이해를 위하여 이를 정리해 보았다. 보훈 기념행사의 의의를 보면, 국가유공자에 대한 예우정 책이란 나라를 위해 희생, 공헌한 이들에게 물질적 보상과 지원 뿐만 아니라 그들이 사회로부터 존경받을 수 있도록 국가 차원에서 정신적 예우를 실시하는 정책이다. 과거 국가유공자들에 대한 생계 지원 차원의 원호 시책에서 1984년「국가유공자 예우 등에 관한 법률」제정을 계기로 이들의 영예와 자긍심을 드높이는 정신적 예우 차원의 보훈정책으로 전환했고, 국가유공자 예우 문화를 확산하기 위한 제반 시책들을 적극 추진하기 시작했다. 특히 2000년대 들어 국난을 경험하지 않은 청소년 등 젊은 세대와 국민들에게 선열들의 희생정신을 기억하고 계승하는 보훈 문화 확산을 위해 다양한 기념사업 및 행사를 추진하고 있다. 이는 민주화운동 등 민주와 관련한 영역에서도 동일하다.

민주를 포함한 보훈 문화와 관련하여 나라 사랑 정신 함양과 사회 통합, 보훈 문화 확산에 기여한다는 측면에서 보훈 기념행사가 중요한 의미가 있다. 이에 국가보훈처를 비롯하여 관련 단체에서는 나라를 위해 희생, 공헌한 국가유공자와 그 유족들을 위로·격려하는 동시에 국민 모두가 이분들의 헌신을 기림으로써 나라 사랑 정신 함양에 기여하고자 다양한 보훈 기념행사를 거행해 왔다. 독립기념행사, 참전 기념행사, 민주화운동 기념행사 등 그동안 각 부문별로 다양하게 거행해 온 보훈행사는 국민들의 나라 사랑 정신 함양은 물론 각계각층의 참여로 사회 통합과 보훈 문화 확산에도 크게 기여하고 있다. 이런 의미가 있는 정부 기념행사를 민주화운동과 관련한 행사를 중심으로 살펴본다.(국가보훈처, 2011, 국가보훈처, 2012)

1) 민주 관련 정부기념행사

(1) 2·28민주운동 기념식

2·28민주운동은 1960년 2월 28일 이승만 독재정권이 장면 박사 유세장에 학생들의 참석을 막기 위해 대구 시내 8개 공립학교를 대상으로 내린 일요 등교 지시에 항거, 대구지역 고등학생들이 일으킨 학생 저항운동이다. 1961년 4월 10일 시민 성금으로 대구시 남구 명덕네거리에 2·28학생의거기념탑을 건립하고 시민단체 주관으로 제1주년 기념식을 거행했다. 2·28민주운동 30

주년이 되는 1990년 2월 28일 기념탑을 현 위치인 두류공원으로 이전했으며, 2000년 제40주년 기념식에는 김대중 대통령이 참석했다. 2016년 2·28민주운동기념사업회를 주체로 국가기념일 지정을 위한 범시민위원회가 구성되어 100만인 서명운동 등을 추진했고, 2017년 9월 28일 국가기념일 지정 촉구 결의안이 국회를 통과했으며, 2018년 2월 6일 정부 주관 기념일로 지정되었다. 제58주년인 2018년부터는 국가보훈처가 기념식을 주관하고 있다. 2021년도 기념탑을 정비하면서 탑 명칭을 2·28민주운동 기념탑으로 수정했다.

2·28민주운동 기념탑

(2) 3·8민주의거 기념식

1960년 3월에 일어난 3·8민주의거는 자유당 정권의 횡포와 부패, 빈곤과 불법적 인권유린이 극에 달했던 상황에서 대전지역 고등학생들이 중심이 되어 일어난 민주적 저항운동이다. 1960년 3월 8일 민주당 선거유세에 맞추어 대전고 재학생 1,000여 명의 시위를 필두로 3월 10일 대전상고 학생 600명이 거리로 뛰쳐나온 대전 지역 고등학생들의 불의와 폭정에 맞선 민주의거이다. 이는 대전·충청권 최초의 학생운동이면서 지역 민주화운동의 효시로 역사적 교훈과 가치가 크고, 대구 2·28운동, 마산 3·15의거와 함께 4·19혁명의 기폭제가 되었다.

3·8민주의거 기념식은 지난 2018년에 국가기념일로 지정되었고, 2019년부터 첫 정부 기념식으로 격상해서 거행되었다. 2021년 61주년 기념식은 2019년 코로나19로 행사가 취소되어 정부 기념식으로는 두 번째 행사로, 대전광역시청 남문광장에서 거행되었다. 기념식은 주요 인사들의 3·8민주의거 기념탑 참배로 시작되며, 본식은 국민의례, 여는 영상, 편지 낭독, 기념사, 기념공연(주제영상, 헌시낭독, 대합창), 3·8찬가 제창 순으로 진행되었다. 3·8민주의거 기념식의 의미는, 4·19혁명의 기폭제가 되어 정의로운 대한민국을 만든 3·8민주의거를 기억하고, 민주운동의 역

제61주년 3·8민주의거 기념식
홍보 이미지

3·8민주의거 기념탑

사를 계승·발전시켜나가는 계기가 되길 바라는 것이다.

(3) 3·15의거 기념식

1960년 자유당 정권의 독재와 불의에 항거한 3·15의거 희생자의 숭고한 얼을 기리고 자유·민주·정의의 3·15의거 정신을 영구히 계승·발전시키고자 2010년부터 정부 주관 기념일로 제정하여 국민과 함께 하는 기념행사를 거행하고 있다. 정부 주관 기념일로 제정된 2010년 이후 3·15의거 기념식은 매년 3월 15일 3·15아트센터 또는 국립3·15민주묘지에서 국무총리를 주빈으로 3·15단체 회원, 정부 주요 인사, 각계 대표, 시민 등 1,500여

명이 참석한 가운데 열리고 있다. 식전행사로 국립3·15민주묘지를 참배하고 기념식은 국민의례, 헌시낭독, 주빈 기념사, 기념공연, 3·15의거의 노래 순으로 진행한다. 2020년도 제60주년 기념식은 코로나19 확산으로 취소되었고, 2021년도에는 초청자를 100명 미만으로 축소해 개최했다.

3·15의거 정신을 계승하고 체험할 수 있는 계기행사는 3월 15일부터 5월까지 창원시 일원에서 3·15의거 희생자 추모제, 역사 아카데미, 유적지 순례, 3·15의거 기념 대음악제, 청소년 문화제, 연극 '니의 역사' 공연 등으로 다양히게 개최되고 있다.

제61주년 3·15의거 기념식
홍보 이미지

(4) 4·19혁명 기념식

1960년 4월 19일 자유당 정권의 장기 독재와 부정부패 등에 맞서 자유민주주의 수호를 위해 불의에 항거한 역사적 혁명을 기념하고 희생자의 영령을 추도하는 한편 자유·민주·정의의 4·19 민주이념을 계승하고자 정부 주관 기념일로 제정, 각종 기념행사를 거행하고 있다.

국가보훈처에서 주관하는 4·19혁명 기념식은 매년 4월 19일에 국무총리를 주빈으로 국립4·19민주묘지에서 4·19 관련 단체 회원, 정부 주요 인사, 각계 대표 등 2,000여 명이 참석한 가운데 열리고 있다. 기념식은 국민의례에 이어 주빈의 헌화 및 분향, 4·19민주혁명회장의 4·19혁명 경과보고, 기념공연, 주빈의 기념사, 기념 노래 제창 순으로 진행한다. 기념식에서는 대형 LED전광판을 설치하여 영상물을 상영하고 기념식장 주변에 4·19혁명 관련 사진을 전시해 참석자의 4·19혁명 이념을 고취하고 있다.

4·19혁명을 기념하는 계기행사들도 다양하게 이루어지는데 이를 소개하면, 예를 들어 고려대학교는 1960년 4월 18일 당시 재학생들이 반정부 시위를 벌인 것이 4·19혁명의 도화선이 된 것을 기념하는 행사를 매년 4월 18일 개최하는 한편, 성북구 안암동 대학 정문에서 강북구 수유리 4·19국립묘지에 이르는 16 킬로미터 구간에서 마라톤대회 또는 도보 행사를 개최한다. 동국대학교는 4월 10일에서 4월 19일까지 4·19묘소 참배 및 기념

등반대회, 교내 위령비 추모식 등을 거행한다. 강북문화원에서
는 1985년 4월 19일부터 국립 4·19민주묘지 횃불광장에서 '소귀
골음악회'를 개최한다. 소귀골음악회란 조국 민주화의 전환점이
된 4·19혁명을 기념하고 선열들의 숭고한 애국심과 희생정신을
기리기 위해 마련된 것이며, 세계에서도 유래를 찾아보기 힘든
'묘지음악회'로 많은 참석 시민들의 호응을 받고 있다.

2013년부터 개최된 4·19혁명 국민문화제는 전국 중·고등학
생 외국어 스피치대회, 전국 대학생 토론대회, 전국 창작 판소
리 경연대회 등으로 구성되어 진행되고, 4·19혁명을 대표하는
문화행사로 위상을 정립하고 있다. 부산·광주에서도 민간단
체 주관으로 4·19위령제 및 문화한마당, 4·19기록 사진전, 희생
자 영령 추모문화제 등 다양한 계기행사를 실시하여 불의에 항

제61주년 4·19혁명 기념식
홍보 이미지

거한 4·19혁명유공자의 숭고한 희생정신을 기리고 혁명 정신을 계승·발전시키고 있다.

(5) 5·18민주화운동 기념식

5·18민주화운동 기념식 관련 발전 과정을 보면, 1981년부터 1996년까지는 5·18 관련 단체와 유족 중심으로 자체 기념행사를 추진했으나, 1980년대 초에는 경찰의 원천봉쇄로 기념식이 무산되는 등 원활한 행사가 힘들었다. 이후 1988년 4월 민주화합법 추진위원회에서 5·18을 광주민주화운동으로 성격을 규정했으며, 1995년 「5·18민주화운동 등에 관한 특별법」 제정 등을 거쳐 1997년 5월 9일 정부 주관 기념일로 제정되었다.

1997년 제17주년부터 당시 내무부 주관으로 기념식을 추진했으며, 2003년 기념식 주체가 국가보훈처로 이관됨에 따라 대통령 또는 국무총리가 주빈으로 참석, 국립5·18민주묘지에서 매년 기념식을 거행했다. 제40주년이 되는 2020년도에는 대통령이 주빈으로 참석한 가운데 5·18의 최후 항쟁지인 5·18민주광장(옛 전남도청 앞)에서 개최했다. 5·18민주화운동 기념식은 국민의 례에 이어 주빈의 헌화 및 분향, 경과보고, 기념공연 1막, 주빈의 기념사, 기념공연 2막, 기념 노래 제창(임을 위한 행진곡) 순으로 진행된다.

5·18민주화운동 관련 계기행사도 다양하게 진행되는데, 예를 들어 5·18민주화운동부상자회에서는 5·18민주정신을 전국적으로 선양하고 창조적으로 계승 발전시키기 위한 전국휘호대회를 국립5·18민주묘지 참배광장에서 개최한다. 5·18구속부상자회 주관으로는 추모의 의미를 재정립하는 '부활제' 개최를 비롯한 행사를 통해 5·18정신 계승의 뜻을 펼치고 있다. 전국 각 시·도에서도 행사위원회 주관으로 기념식 및 사진전시회, 음악회 등을 개최하여 5·18 영령들의 숭고한 희생정신을 기리고 민주, 인권, 평화 정신을 되새기는 자리를 마련한다.

제41주년 5·18민주화운동
기념식 포스터

2) 민주운동 10주기 기념사업

2020년은 2·28민주운동 60주년, 3·8민주의거 60주년, 3·15의거 60주년, 4·19혁명 60주년 및 5·18민주화운동 40주년 등 우리 사회 민주주의와 관련하여 중요한 한 해였다. 이러한 의미를 심화시키고자 10주기 기념사업을 통해 '민주'의 가치를 널리 알려 국민들에게 자긍심을 심어주고, 올바른 역사 인식 확산 및 국민통합의 계기를 마련하고자 했다.(피엔씨글로벌네트웍스, 2019) 아래에서는 이런 의미를 지닌 민주운동 10주기 기념사업에 대해 좀 더 설명하겠다.

(1) 4·19혁명 60주년 행사

2020년 4·19혁명 60주년을 맞아 우리나라 민주주의를 위해 불의에 항거한 4·19혁명 유공자의 숭고한 희생과 공헌을 기리고, 4·19혁명의 역사적 가치와 의미를 재조명함으로써 국민통합의 계기를 마련하고자 했다. 이를 위하여 4·19혁명 60주년 기념식이 추진되었다. 그러나 제60주년 4·19혁명 기념식은 코로나19로 문재인 대통령 외 200명만이 참석한 가운데 개최했으며, '아! 민주주의'라는 주제로 4·19혁명이 세계 3대 시민혁명과 비견되는 세계적인 시민혁명임을 영상을 통해 강조하여 국민들의 성숙된 민주의식을 부각했다. 대한민국 대표 가수들이 참여한 '상록수 2020' 뮤직비디오를 통해 60년 전 4·19정신이 민주주의 위기를 극복했던 것처럼 국민 모두가 마음을 모아 코로나19 위기를 극복하자는 희망 메시지를 전달했다. '상록수 2020' 뮤직비디오와 음원(音源)은 문화체육관광부 및 주요 음원사이트와 협의를 거쳐 전 국민에게 무료로 제공되었으며, 보건복지부는 '덕분에 챌린지' 공익 캠페인에 활용하는 등 국민들로부터 큰 관심과 호응을 얻어 2020년 9월 말 기준 유튜브 조회수 350만 뷰를 기록했다. 기념식은 헌화 및 분향, 국민의례, 4·19혁명유공자 포상, 주빈 기념사, 기념공연, 4·19의 노래 제창 순으로 진행되었다.

4·19혁명 60주년 행사와 관련한 다양한 계기행사도 진행되었다. 4·19혁명 60주년을 기념하여 4·19혁명국민문화제위원회 주관으로 다양한 행사가 개최되었다. 먼저 국가보훈처 주관으로 기념일의 의미를 일상 속에서 찾아 공유하는 '민주 10주기 SNS 홍보' 사업의 일환으로 젊은 세대 특성을 반영한 짧은 영상으로 4·19혁명 및 5·18민주화운동을 다룬 '내 곁에 민주' 4편을 페이스북과 유튜브를 연계하여 운용했으며, '60·40 민주운동 UCC 영상공모 이벤트'를 실시했다. 4·19혁명국민문화제위원회 주관

으로 4·19혁명 60주년 기념 다큐멘터리 제작, 60주년 기념 엠블럼 배지 제작, '전국 학생 영어스피치대회', '전국 대학생 토론대회', '전국 창작 판소리 경연대회'를 개최하여 자유·민주·정의의 4·19혁명 이념을 널리 확산했다. 국립4·19민주묘지에서는 희생영령추모제, 사진전 등이 개최되었다. 4·19혁명 60주년 특집방송으로 '4월의 함성, 역사를 바꾸다'(KBS), '역사저널 그날'(KBS), '선을 넘는 녀석들 리턴즈'(MBC), 4·19혁명 60주년 기념 특집방송 민주유공자 인터뷰(아리랑TV) 등이 방영되어 대한민국 민주주의를 위해 헌신한 민주유공자의 정신을 계승 확산했다.

4·19혁명의 도화선이 된 2·28민주운동, 3·8민주의거, 3·15의거 60주년 계기행사도 대구·대전·창원 등 전국 각지에서 개최되었다. 2·28민주운동기념사업회에서는 2·28민주운동 아카이브 구축, 전국 학생 글짓기 대회, 민주운동 시민 아카데미, 인문학 강좌 등을 추진했다. 3·8민주의거기념사업회 주관으로 3·8민주의거 60년사 발간, 학생 백일장 등을 개최했다. 3·15의거기념사업회는 3·15의거 자료집 발간, 3·15의거 기념 대음악제, 연극 '너의 역사' 및 창작 뮤지컬 '삼월의 그들' 공연, 3·15의거 시 노래 음반 제작, 3·15의거 UCC 공모전, 전국 백일장, 3·15의거 유적지 답사 등 다양한 행사를 추진했다.

(2) 5·18민주화운동 40주년 행사

5·18민주화운동 40주년을 맞아 5·18민주유공자의 고귀한 희생정신을 기리고, 민주·인권·평화의 숭고한 5·18민주정신을 계승 발전시켜 국민통합의 계기를 마련하고자 각계각층이 참여하는 범국민적인 기념행사가 추진되었다.

제40주년 5·18민주화운동 기념식은 문재인 대통령이 참석한 가운데 코로나19 방역수칙을 준수하며 초청 인사 규모를 기존 5,000명에서 400명으로 축소하여 진행되었다. 기념식은 '세월은 흘러가도 산천은 안다'라는 주제로 정부기념일이 지정(1997년)된 이후 처음으로 5·18민주광장(5·18 최후 항쟁 장소인 옛 전남도청 광장)에서 거행하여 역사적 의미를 재조명했다. 이를 통해 평범한 시민들이 지켜낸 민주주의를 기억하고 미래로 한 걸음 나아가는 계기를 마련하고자 했다. 40주년 기념 프로그램 '내 정은 청산이오'는 '임을 위한 행진곡'을 모티브로 남도 음악과 전통문화, 오케스트라 등 다양한 장르를 결합해 희생 영령에 대한 추모와 '5·18의 역사적 사실을 잊지 않아야 한다'는 의미를 담아 감동을 극대화했다. 기념식은 국민의례, 경과보고, 편지낭독, 기념사, 기념공연, '임을 위한 행진곡' 제창 순으로 진행했고, 식후행사로는 5·18민주묘지 참배가 있었다.

이와 함께 5·18민주화운동 40주년을 기념한 계기행사가 전국 각지에서 개최되었다. 5·18기념재단이 주관하여 광주시립미술관에서 전시된 '5·18민주화운동 40주년 특별전, 별이 된 사람들'은 5·18민주화운동에 대한 전국의 관심과 세계사적 의미를 이끌어 내기 위해 광주지역을 넘어 국내는 물론 세계적인 작가 쉴라 고우다, 피터 바이벨, 미샤엘라 멜리안, 쑨위엔 & 펑위 등 해외 유명 작가까지 참여 작가의 폭을 확대하여 2020년 8월 15일부터 2021년 1월 31일까지 개최했다. 대한민국역사박물관에서는 '오월 그날이 다시 오면' 특별전이 열려 유네스코 세계기록 유산인 시민들의 일기, 취재 수첩, 성명서 등 실물 자료를 처음으로 선보이며 광주의 역사를 올바르게 이해하는 계기로 삼았다. 국립아시아문화전당 등에서는 레퍼토리 공연 '시간을 칠하는 사람', 전략 콘텐츠 공연 '나는 광주에 없었다', 시민 개방 전시 '열흘간의 나비 떼' 등이 개최되었다. 광주광역시 및 5·18기념재단 등에서도 오월 문화제, 학술대회, 2020광주아시아 포럼, 5·18문학상 시상 등이 개최되었고, 한강 원작소설 '소년이 온다' 연극은 전국을 순회하며 공연되었다. 또한 민간단체 주관으로 '5·18민중항쟁 40주년 기념 부활제', '오월 시민행진', '민주·인권·평화 한마당', '5·18마라톤대회' 등 5·18정신을 전국적으로 확산시키기 위한 다양한 기념행사와 문화행사가 개최되었다. 40주년 특집방송으로는 5·18 40주년 특집 3부작 '오월애인연'(KBS), 5·18 40주년 특집 '나는 기억한다'(MBC) 등을 방영하여 대한민국 민주주의를 위해 헌신한 민주유공자의 정신을 계승 확산했다.

5·18광주민주화운동
40주년 특별전 포스터

3. 우리 사회 민주의식과 관련한 보훈 원칙

1) 우리 사회 민주에 대한 인식

이 장에서는 우리 사회 내 민주에 대한 인식의 일단이라도 알아보기 위하여 관련 자료를 살펴본다. 1987년 6월 항쟁과 이에 따른 6·29선언은 한국 민주주의 역사에 큰 전환점이었다는 평가를 받는다. 현재 시점에서 34년이 지났지만 이와 관련한 사회적 인식을 단편적으로나마 살펴보면, 우리 사회 모든 세대들이 한국 민주주의에 대해 부정적인 평가를 내놓은 것으로 나타난 언론기사가 있다. 그동안 한국인들이 경제 발전과 민주화를 동시에 이뤘다는 자부심이 크다는 식의 이야기가 많았는데, 이와는 사뭇 다른 결과이다. 이와 관련한 기사를 보면, 전국 1,000명을 대상으로 설문조사를 실시하고, 출생 연도에 따라 '전쟁·산업화 세대'(51년 이전), '유신 세대'(52~59년), '386 세대'(60~69년), '아이엠에프(IMF) 세대'(70~78년), '월드컵 세대'(79~87년), '세월호 세대'(88~98년)로 우선 구분했다. '민주화 이후 한국 정치 발전 만족도'를 보면, 모든 세대에서 불만족스럽다(74.6%)는 의견이 지배적이었고, 30대인 '월드컵 세대'가 가장 부정적인 태도를 보였다. '한국 민주주의 성숙도'를 묻는 질문에서도 62.6%가 만족스럽지 않다는 의견을 냈다. '민주주의와 경제 발전 가운데 선택'을 묻는 질문에서는 경제 발전이 더 중요하다는 의견이 54.6%를 차지했으며, 6월 항쟁의 주역이랄 수 있는 '386 세대'도 민주주의보다 경제 발전을 선택하는 경향을 보였다.

이런 조사 결과는 대체로 연령이 낮을수록 진보적 성향을, 연령이 높을수록 보수적 성향을 드러냈고, '386 세대' 역시 그런 경향성에서 벗어나지 않았다. 한국 정치 발전에 가장 크게 기여한 정치적 사건으로 '유신 세대'와 '386 세대'는 6월 항쟁과 6·29선언을, 이후 세대들은 '박근혜 탄핵'을 꼽았다. '10년 뒤 바람직한 한국의 모습에 대한 의견'에서는 모든 세대가 '공정하고 투명한 사회'(50.7%)를 꼽았다.(한겨레, 2017: 20)

이번에는 우리 사회 민주에 대한 인식을 알아보기 위하여 국제적으로 비교해 보는 자료를 살펴본다. 사회조사기관인 갤럽(Gallup)에서 진행한 '국민의 뜻에 따른 통치'와 '선거의 자유와 공정성'을 의미하는 VOP(Voice of the People) 지수를 통한 다국가 비교조사 결과를 보면, 우리 사회는 민주주의 수준이 긍정적 집단에 속하지만 상위급 국가와는 일정 차이가 있는 것으로 나타나고 있었다.(Gallup International, 2020)

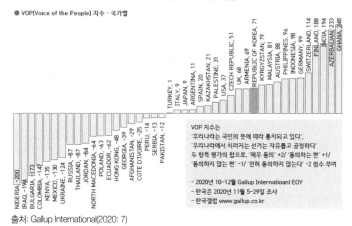

<그림 1> 국가별 VOP 지수 현황

● VOP(Voice of the People) 지수 - 국가별

VOP 지수는
'우리나라는 국민의 뜻에 따라 통치되고 있다',
'우리나라에서 치러지는 선거는 자유롭고 공정하다'
두 항목 평가의 합으로, '매우 동의' +2/ '동의하는 편' +1/
'동의하지 않는 편' -1/ '전혀 동의하지 않는다' -2 점수 부여

- 2020년 10~12월 Gallup Internatioanl EOY
- 한국은 2020년 11월 5~29일 조사
- 한국갤럽 www.gallup.co.kr

출처: Gallup International(2020: 7)

위에서 우리 사회에서의 민주에 대한 인식을 살펴본다고는 했지만 민주주의에 대한 사회적 인식을 살펴보는 데는 사실 제한이 많다. 민주주의의 개념에 대한 이해가 사람마다 제각각일 수밖에 없고, 민주주의를 한마디로 정의하는 것도 쉽지 않기 때문이다. 이와 관련하여 이번에는 우리 사회에서 '민주주의'라는 단어 자체에 따르는 뉴스 연관어를 통한 인식을 살펴본다. 이는 검색 기간을 최근 1년으로 하고, 검색 엔진은 네이버로 한정하며, 분석뉴스 건수는 '민주주의' 키워드와 연관성이 강한 100건을 대상으로 하였다. 이런 워드클라우드 분석 결과를 보면, 가중치가

높은 연관어로 먼저 '미얀마'가 등장하고 있다. 이는 최근 미얀마 민주항쟁이 국제적으로 크게 관심을 모으고 있고, 우리 사회는 특히 정서적으로 공감하는 부분이 있는 관계로 나타난 결과라고 추정된다. 이 외에 상대적으로 높은 가중치를 보인 연관어는 '민주화', '시민들', '광주', '부마민주항쟁', '4·19혁명' 등이었다. 이들 단어들은 보훈의 민주 영역에서 중요한 역할을 한 사건들과 연관이 되는 것들로 우리 사회에서 민주주의를 인식하는데 많은 영향을 주고 있다고 추정할 수 있다. 이런 점을 볼 때, 민주화운동들과 민주유공자들이 우리 사회의 민주주의를 구하고, 구성원들에게 민주주의의 소중함을 일깨우는 데 일정 역할을 하고 있다고 판단할 수 있다.

〈그림 2〉 민주주의 워드클라우드 분석 결과

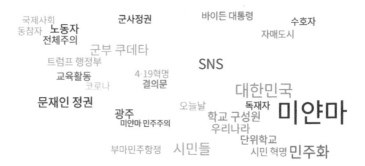

2) 민주시민 의식 관련 현황

보훈에서 민주의 의미와 그것이 우리 사회에 시사하는 바를 생각해 보는 차원에서 먼저 우리 사회 보훈 의식 중 민주와 관련된 현황을 간략하게나마 살펴보기로 한다. 이와 관련된 자료로 여기에서는 2017년도에 국가보훈처에서 실시한 조사 결과를 참고한다(국가보훈처, 2017). 이 조사는 일반 국민들을 대상으로 '나라 사랑 의식'을 체계화된 조사표로 측정하여 국민의 보훈 의식 수준과 보훈 의식 제고에 필요한 기초 자료를 제공하는 데 목적이 있었다. 이 조사에서는 민주의식을 직접적으로 묻는 문항은 없기 때문에 민주의식이 민주시민 의식과 연관된다는 앞서의 논리에 발맞추어 민주시민 의식과 관련된 항목을 주로 살펴본다.

우리 사회 민주 관련 의식을 살펴보는 데는 특히 생활 원리로서의 민주주의와 관련한 의식이 더욱 중요하다고 본다. 현대사회에서 민주주의의 의미는 특정한 정치 제도나 정치 형태, 정치 이념을 의미하는 것뿐만 아니라 국민의 정신적 자세, 생활 태도, 행동 양식을 포함하는 민주적 생활 양식을 의미한다. 이와 관련한 중요한 기본 양식으로 첫 번째로 관용을 들 수 있다. 관용은 상대방을 너그러이 이해하는 태도를 말한다. 각자의 개성을 존중하고 사고를 중시하며, 자기와 다른 사고를 배척하지 않고 타인의 이질성을 자연스레 받아들이고 용인하는 것을 의미한다. 이를 바탕으로 모든 현상에 열려 있는 개방적 태도와 다양성을 존중하는 다원주의, 나의 사고를 절대적으로 생각하지 않는 상대주의 같은 태도가 나오게 된다.

다음은 비판이다. 어떤 상황이나 사건에 대하여 잘잘못을 따지고, 잘못이 있는 것에 대해서는 지적하며, 그것이 옳은 방향으로 진행되고 인도될 수 있도록 하는 것이 바람직하다. 비판에 인색한 사회는 쇠퇴할 수밖에 없다. 그러므로 비판은 사회와 국가 발전의 초석이 된다. 마지막으로 타협이 중요하다. 타협은 각자의 처지를 서로 조정함으로써 대립관계를 해소하는 기술을 말한다. 나의 주장만을 관철시키려 하지 않고, 사회 구성원들이 서로 양보하면서, 서로의 이익을 조금씩 관철될 수 있도록 하는 것이 바람직한데, 타협 정신은 원만한 문제 해결과 사회 통합, 올바른 인간관계의 정립을 위해 필수적인 과정인 것이다.

이런 민주적 생활 양식은 국민의 기본적 의무와도 연계된다. 국민의 기본적 의무는 국민이 국가 구성원으로서 부담하는 갖가지 의무 중에서 특히 국가 유지와 존속에 필요한 국민 개개인의 의무를 말한다. 국민의 기본적 의무는 고전적 의무와 현대적인 의무로 구분될 수 있다. 고전적 의무로는 납세의 의무, 국방의 의무가 규정되어 있고, 20세기 이후에 등장한 복지국가에서 규정된 현대적 의무는 교육의 의무, 근로의 의무, 재산권 행사의 공공복리 적합 의무, 환경 보전 의무 등이 있다. 여기에서는 이 중에서도 특히 법질서 준수에 대한 의식을 살펴본다. 법질서 준수는 사회 유지와 더불어 사회 정의와도 연계되는 중요한 민주시민 의식이라고 판단하기 때문이다. 경제정의실천시민연합 산하의 경제정의연구소(KEJI)에서 만든 기업 활동의 사회기여도 지수인 '경제정의지수'에서도 ① 기술혁신, ② 환경오염 방지, ③ 노사화합, ④ 고객만족, ⑤ 사회공동체로의 활동, ⑥ 경영전문화, ⑦ 본업에 대한 성실성, ⑧ 건전한 재무구조, ⑨ 경제 발전에 대한 기여와 더불어 ⑩ 준법정신을 특별히 포함하고 있는 점도 이런 논리를 반영하는 한 사례라고 할 수 있다.

이런 준법정신을 확인해 보기 위하여 '법질서 준수'에 대한 분석 결과를 살펴보면, 본인과 우리 국민에 대해서 의식을 측정한 결과 본인에 대한 법질서 준수 평가는 84.3점으로 높게 평가한 반면, 우리 국민의 법질서 준수 평가는 52.3점으로 낮게 평가하고 있다. 법질서 준수에 대해서 본인에 대한 평가와 우리 사회에 대한 평가 모두 높게 인식되어야 함에도 불구하고, 법질서 준수에 대한 타인과 우리 사회에 대한 불신감이 높은 수준인 것으로 분석된다. 이처럼 법질서 준수와 관련한 자기평가와 사회평가 비교에서 차이가 큰 것은 우리 사회의 준법 의식이 취약하고 전반적으로 준법 정신이 높지 않기 때문인 것으로 볼 수 있다.

〈그림 3〉 법질서 준수 관련 본인 및 사회 인식 비교(평균)

출처: 국가보훈처(2017: 19)

우리 사회 민주시민 의식과 관련한 현황 검토를 위하여 준법 정신과 더불어 납세 의식에 대해 살펴보겠다. 납세의 의무는 국가의 유지와 통치 활동에 필요한 경비를 충당하기 위하여 국민이 조세를 납부해야 할 의무를 말한다. 우리 헌법 제38조에는 국민의 납세 의무를 규정하고 있다. 국가는 이렇게 징수된 세금을 바탕으로 국가기관의 운영과 유지, 국민에 대한 행정 서비스 제공, 복지정책의 수행 등을 하게 된다. 이런 납세의 의무 이행에 대한 의식인 납세 의식은 국가와 사회의 유지와 발전을 위한 기본이라는 점에서 특히 중요한 민주시민 의식이라고 할 수 있다.

납세의 의무 이행 항목에 대한 분석 결과를 보면, 본인과 우리 국민에 대해서 의식을 측정한 결과 본인 및 가족에 대한 평가는 95.3점으로 높게 평가한 반면, 우리 국민에 대한 평가는 56.7점으로 낮게 평가하고 있었다. 이를 연령대에 따라 살펴보면, 60대 이상의 연령층은 본인에 대한 평가가 30대와 더불어 가장 높은 집단이지만 우리 국민에 대한 평가는 가장 낮은 집단으로 분석되어 연령별로 본인과 우리 국민에 대한 평가의 차이가 가장 큰 것으로 나타나고 있었다. 특히 우리 국민에 대한 평가에서 비경제활동 인구인 10대의 평가가 높게 나타난 반면 실제 경제생활을 경험하는 사람들은 납세와 관련하여 국민과 사회에 대한 불신이 상당히 높은 것으로 나타나고 있다.

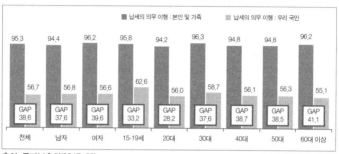

〈그림 4〉 납세의 의무 이행 관련 본인 및 사회 인식 비교(평균)

출처: 국가보훈처(2017: 20)

우리 사회의 민주시민 의식 관련 현황을 법질서 준수 인식과 납세의 의무 이행 인식이라는 대표적인 항목을 통해서 살펴볼 때, 우리 사회의 민주시민 의식은 상당히 취약한 것으로 판단할 수 있다. 이는 바로 우리 사회 민주 관련 의식 수준도 취약하다는 점으로 연결될 수 있다. 이런 사정은 보훈 이념의 구현을 통해 국가유공자의 희생과 공헌을 국가공동체의 유지와 발전에 대한 원동력으로 이어지게 한다는 보훈의 목표와 연계하여 볼 때도 불리한 환경이 된다. 다음에서는 특히 이와 관련된 보훈의 원칙들을 좀 더 구체적으로 살펴보고자 한다.

3) 보훈정책 및 보훈 원칙 검토

(1) 최근 보훈정책 검토

나라 사랑은 대한민국을 지탱하는 뿌리이다. 우리는 언제나 국난 앞에서 나라 사랑으로 단합했고, 어떤 난관도 극복할 수 있다는 자신감을 가졌다. 일제 침략과 한국전쟁 등 우리 사회의 고난은 평범한 사람들을 위대한 애국자로 만드는 사건들이었고, 세대와 이념을 통합하는 우리 모두의 역사적 경험이 되었다. 우리는 침략과 전쟁의 참화에 함께 맞서고 이겨내며 진정한 대한민국 국민으로 거듭났다. 이를 통하여 자유와 민주주의의 가치를 지킬 힘을 동시에 키웠고, 평화의 소중함을 자각하게 되었다. 나라 사랑은 우리 사회를 가난에서 이기게 했고 최근에 이르러서는 세계 10위권 경제 대국으로 일어서게 하는 바탕이 되었다.

이때 보훈 의식은 독재에 맞서 민주화를 이뤄내는 용기가 되었고, 강한 국방력으로 평화를 만들어 가는 원동력이 되었다. 그리고 이제 코로나를 극복하고, 대한민국이 선도국가로 도약하는 구심점이 되고 있기도 하다. 이런 보훈 의식을 바탕으로 대한민국은 우리의 운명을 스스로 결정하고, 다른 나라들과 지지와 협력을 주고받을 수 있는 나라가 되었다. 우리 사회의 발전이, 해방 당시 비슷한 출발선에 있었던 다른 개도국들에게 할 수 있다는 용기를 주고 있듯이, 코로나를 극복하고 빠른 경제 회복을 이루고 있는 오늘의 우리 역시 세계인들에게 희망의 이정표가 되고 있다.

이런 성과들은 모두 우리 사회의 나라 사랑 정신이 이룬 성취이다. 이런 중요성을 알기에 우리 사회는 국가보훈처를 장관급으로 격상하고, 해마다 보훈예산을 늘려 2021년에는 5조 8천억 원에 달하고 있다. 특히 정부는 국가유공자와 보훈가족의 생활 지원과 실질소득 향상을 위해 보상금과 수당을 꾸준히 인상해 나갈 예정이고, 국가유공자의 치료를 넘어 평생 건강도 책임진다는 자세를 강조하고 있다. 이를 실천하기 위한 방안으로 위탁 병원과 보훈요양원을 확대해 가까운 곳 어디서나 편안하게 진료와 돌봄을 받을 수 있도록 하는 등의 정책을 수행하고 있다. 또한 정부는 보훈 문화의 진작을 위하여 지금까지 독립유공자, 참전유공자, 민주유공자 등 34만 8천여 명의 가택에 국가유공자 명패를 달아드리고 있다. 2022년까지 전몰·순직군경과 재일학도의용군, 4·19혁명과 5·18광주민주화운동 희생자, 특수임무유공자 등 대상을 확대하여 모두 22만 2천여 명에게 국가유공자 명패를 달아 드릴 예정이다. 이런 명패 달아 드리기와 함께 국가유공자들의 삶을 발굴해 지역사회와 미래 세대에게 자긍심을 줄 수 있도록 하는 조처도 하고 있다. 이와 관련하여 2020년에는 두 곳의 호국보훈회관을 개관하여 네 개 보훈단체가 입주를 마쳤다. 앞으로도 보훈회관이 없거나 노후화된 지역에 보훈회관 건립을 추진해 나갈 예정이다.

이런 보훈정책의 지속적인 수행은 오늘날 나라 사랑이 공동체를 위한 희생과 헌신으로 실천되고 있다는 확신에서 이루어지는 것이다. 그리고 이는 다시 국제사회와 연대하고 협력할 수 있는 인류애 실천의 바탕이 되고 있다.

(2) 우리 사회 보훈 원칙 검토

우리 사회 민주시민 의식 관련 현황 검토와 위에서 언급한 우리 사회의 최근 보훈정책에 대한 소개에서도 일부 파악할 수 있듯이 우리 사회 민주 발전과 관련해서도 보훈은 중요한 의미가 있다. 여기에서는 우리 사회의 주요한 보훈 원칙들을 검토해 본다.

보훈은 국가공동체를 위해 희생하거나 공헌한 개인에 대하여 그 국가와 사회구성원이 예우로 보답하는 책무를 이행하는 것을 말한다. 이러한 보답 행위는 보훈정책이라는 틀을 통해 실질적·

상징적 형태로 행하게 된다. 실질적인 방법은 보훈보상 등 물질적 예우를 통해 영예로운 삶을 보장하는 것이며, 상징적인 방법은 희생·공헌의 숭고한 가치를 높이 선양하여 기억하고 후대에 계승하는 정신적 활동으로 요약할 수 있다. 결국 보훈은 국가를 위해 희생하거나 공헌한 사람에 대한 국가적 차원의 예우이기 때문에, 국가가 지고 있는 의무이자 국가가 수행해야 할 고유한 기능이기도 하다. 이러한 일련의 정책들을 보훈의 기본이념으로 이해할 수 있으며, 보훈 이념의 구현을 통해 개인의 희생·공헌이 국가공동체를 유지·발전시키는 원동력으로 이어지게 하는 것이 보훈의 사회적 가치이며, 보훈정책의 궁극적 목표라고 할 수 있다.

보훈 관련 사례들이 모두 그러하기는 하지만 민주화운동 역시 우리 사회 현대사의 중요한 분수령이 되었다. 그리고 이런 역사적 교훈을 현재의 보훈과 연계시켜 보면, 현재 우리 사회의 보훈정신은 대내적으로는 자유민주주의와 민주공화정의 보편적 가치를 드높인 시민의 역할과 공동체 정신을 조명해야 한다. 대외적으로는 공유된 보편적 가치를 위해 연대하고 협력하는 여러 국가, 국제기구 그리고 시민들과의 수평적 거버넌스로 확장해야 한다.(유호근, 2017: 35) 이런 취지에서 상대적으로 중요하다고 생각하는 보훈 원칙들을 살펴본다.

나라 사랑은 오늘의 대한민국을 있게 한 근본이라 할 것이며, 국가를 위해 헌신한 사람들이 바로 대한민국이다. 따라서 보훈은 보수와 진보로 나눌 수도 없고, 나누어지지도 않는 그 자체로 온전한 현실이다. 오늘날의 우리 사회는 독립·호국·민주화 유공자의 희생과 공헌 위에 이룩된 것이다. 그 사람들이 국민들에게 그 자체로 존경받고 예우 받는 것이 보훈이다. 따라서 정치 편향성 문제가 발생되지 않도록 보훈의 보편적 가치에 입각해서 보훈정책이 이루어져야 한다. 이런 점에서 보훈정책이 성공하기 위해서는 희생과 공헌에 대한 정당한 평가를 통해 그에 상응한 보답이 주어진다는 확신을 줄 수 있어야 한다. 그렇지 않으면 국가공동체에 대한 자발적 헌신을 기대하기 어렵기 때문이다. 그래서 여기에는 몇 가지 지켜야 할 보훈 원칙들이 있다.

첫째는 국가공동체의 도덕적 책임 원칙이다. 이것은 보훈의 기본 정신이 법적 책임의 범위를 넘는 것이라는 뜻이다. 다시 말하면 보훈은 손해나 손실의 정도가 아니라 희생이나 공헌 그 자체에 대한 보답으로서 국가가 응당히 찾아서 인정하고 보상하며 예우를 다해야 할 도덕적 책무라는 것이다. 둘째는 국가공동체의 사회적 부채라는 원칙이다. 부채는 남에게 진 빚을 의미한다. 공동체의 사회적 부채는 희생에 대한 위로가 아니라 사회적 양심에 따른 부채의 청산이며, 봉사에 대한 보답이라는 것이다. 셋째는 사회의 최대한의 성의라는 개념이다. 이는 민주 영역과 관련하여 보면, 민주화운동이 우리 사회의 자랑스러운 민주주의가 되고, 현재 코로나를 극복하는 힘이 되었다는 것을 감사하는 것이다. 이에 국가유공자와 가족들이 품위 있고 영예로운 생활을 유지·보장할 수 있는 상당한 수준의 예우를 해야 한다는 것이다. 이는 국가의 능력이 허용하는 한 그에 상응하여 그 수준이 높아져야 하며, 일회성이 아니라 계속적인 경제적 예우를 해야 한다는 의미를 내포하고 있다. 넷째는 정신적 보답의 원칙이다. 앞에서의 원칙들이 상대적으로 물질적 측면에서의 원칙이라면 여기에서의 원칙은 물질적 보답에서 끝나는 것이 아니라 그 희생과 공헌의 가치를 존중하고 계승하는 것에 중점을 둔다. 우리가 민주화유공자 등 국가유공자의 희생과 공헌을 기억하고 기리는 것은 그 나라 사랑의 정신을 이어받기 위한 것이다.(김종성, 2017; 서운석, 2017; 형시영, 2017; 서운석, 2018b)

　나라를 위한 헌신을 존중하고 그 가치를 소중한 정신적 자산으로 보존하고 가꾸는 것은 우리 사회의 미래를 위해 대단히 중요한 일이다. 국가유공자에 대한 보상과 예우의 성패는 앞서 말한 원칙들이 현실적으로 어떻게 구현되는가에 달려 있다.

4. 민주 관련 보훈정책 발전 방향

1) 민주유공자 영역 확대

4·19혁명 정신을 계승하여 5·18민주화운동, 6월 항쟁, 촛불혁명까지 민주주의의 불씨를 살린 우리 사회는 민주주의가 국민 모두를 위한 것이라는 사실을 지속적으로 각성하고 있다. 이런 각성을 통하여 우리 사회는 여전히 '나'와 '이웃'을 위한 자발적 방역과 '모두를 위한 자유'를 실천하며 새로운 민주주의 역사를 써 가고 있다. 이처럼 민주화운동은 살아 있는 역사로 우리에게 현재적으로 많은 교훈을 전해주고, 코로나와 싸우고 있는 현실에서 국민들에게 큰 용기가 되고 있다. 그리고 각종 민주화운동에 대한 진상규명, 배상과 보상, 기념사업을 위해 더욱 노력해야 한다는 사회적 책임도 부여하고 있다.

이와 관련하여 현재 우리 사회가 민주화운동에 대해 풀어야 하는 과제 중의 하나는 민주유공자 영역 확대이다. 이는 각종 민주화운동 과정에서 희생 봉사하고 쓰러져간 유공자들을 보훈대상인 '민주유공자'로 계속 지정해 나가는 일이다. 잘 알다시피 민주유공자가 보훈대상에 포함된 사례는 4·19혁명 관련자와 5·18민주화운동 관련자이다. 그러나 이후 지속적으로 발생한 민주화운동에 대해서는 관련자의 국가유공자 지정이 이루어지지 못하고 있다. 사실 '민주유공자법'은 20여 년 전인 제15대 국회 때부터 현재까지 10여 차례 발의됐지만, 한 번도 소관 상임위조차 넘지 못하고 폐기됐다. 현재는 우원식 의원이 2020년 발의한 법안이 상임위에 올라 있다. 민주화 과정에서 사망하거나 부상을 당한 829명을 민주유공자로 인정하자는 내용이다.

'민주유공자법'과 관련하여 제20대 국회에서 「민주유공자법안」이 제안된 이유를 살펴보면, "헌법에 보장된 국민의 기본권을 침해한 권위주의 통치에 항거하여 헌법이 지향하는 이념 및 가치의 실현과 민주헌정 질서의 확립에 기여한 민주화운동은 수많은 시민·노동자·학생의 참여와 희생으로 이루어졌으며, 국민의 자유와 권리를 회복·신장시키는 데 큰 역할을 하였다. 이에 국가는 국민의 기본권 신장과 대한민국의 민주주의 발전을 위하여 민주화운동 관련자에게 그에 합당한 예우를 해야 함에도 4·19혁명과 5·18민주화운동에 대해서만 각각 법률을 제정하여 국가유공자와 민주유공자로 예우하고 있고, 그 외 우리 사회의 민주화에 기여한 민주화운동 관련자 등에 대해서는 예우하고 있지 않아 형평성 논란이 제기되고 있다. 이에 법 제정을 통해 유신반대투쟁, 6월 항쟁 등 국민의 기본권 신장에 기여한 민주화운동과 관련하여 희생하거나 공헌한 사람과 그 유족 또는 가족에게 국가가 합당한 예우를 함으로써 민주주의의 숭고한 가치를 널리 알려 민주사회의 발전과 사회정의 실현에 이바지하려는 것이다."라고 취지를 설명하고 있다.

민주 관련 보훈영역의 과제로서 민주유공자 영역 확대를 위한 민주유공자법을 생각해 보아야 하는 이유는 미래세대에 대한 교훈이 중요하다고 보기 때문이다. 민주화를 위해 목숨을 바쳤던 이들이 주장한 것이 바로 우리 사회의 주인은 국민 스스로라는 것이다. 그들이 아니었다면 지금 우리는 대통령 직선제가 없는 상황일 수도 있었다. 그렇게 모두를 위해 희생한 이들을 평가해 주지 않는다면, 미래에는 어떤 누가 자신의 이익에 앞서 사회 전체의 발전을 생각하며 행동할 수 있을까? 그래서 민주유공자법에서는 국가가 민주화 과정에서 사망하거나 부상당한 사람들을 정당하게 예우해 주는 것은 향후 국가 발전을 위해서도 중요하다고 강조하고 있다.(한겨레, 2021: 19)

사실 '민주유공자법'에 대한 국민 여론은 나쁘지 않다. 한 예로 언론의 한 여론조사 결과를 보면, 국민 10명 중 7명 이상은 민주화운동 참여를 보훈대상으로 인정하는 데 동의하는 것으로 나타났다. 직업군인·소방·경찰공무원의 공무수행을 보훈대상으로 인정해야 한다는 것보다 더 높은 비율이다. 한 조사업체가 국가보훈처 의뢰로 2021년 전국 만 18~69세 국민 2,000명을 대상으로 호국보훈의 달 기념 보훈 인식을 조사해 발표한 데 따르면, 75.8%가 민주화운동 참여를 보훈 대상으로 인정하는데 동의하는 것으로 나왔다. 보훈대상에 대한 국민 인식 설문 결과에 따르면, 국가수호·안전보장 활동을 보훈대상으로 인정한 응답자가 87.9%로 가장 많았고 일제로부터의 독립운동(87.4%)이 그 뒤를 이었다. 그다음이 국가와 사회를 위한 헌신으로 인정한 민주화운동(75.8%)이었고, 국방의 의무 이행(72.8%), 국가와 사회발전을 위한 공로(72.0%) 등의 순으로 나타났다. 반면 직업군인·소방·경찰공무원 등의 공무수행(69.6%)과 타인을 위한 이타적 행동(64.8%)은 상대적으로 보훈의 대상으로 동의하는 비율이 낮았다.

　이 같은 보훈대상으로서의 동의 기준은 경제적 보상이 필요한지에 대한 판단 결과와도 비슷했다. 국가수호·안전보장 활동에 대해 경제적 보상이 필요하다고 답한 응답자는 87.5%에 달했고,

독립운동(86.9%)이 그다음으로 많았다. 민주화운동에 대해서는 68.4%가 경제적 보상이 필요하다고 답해, 보훈대상으로 인정한 응답 비율보다는 다소 낮았다. 그다음으로 공무수행(65.1%), 국가와 사회 발전을 위한 공로(64.9%), 국방의 의무(63.9%), 타인을 위한 이타적 행동(62.8%) 등이 뒤를 이었다. 이어 응답자의 66.6%는 국가와 사회를 위한 희생과 헌신에 대한 경제적 보상이 전반적으로 부족하다고 답했다. 또 48.3%는 보훈대상에 대해 기억하고 감사하는 문화가 전반적으로 조성되지 않았다고 생각했다.(시사저널, 2020)

군사독재 등 권위주의적 통치로 인한 민주주의 파괴에 항거함으로써 민주헌정 질서를 수호하는 데 기여하고, 민주화운동 과정에서 희생되거나 피해를 입은 사람들은 국가 차원에서 예우하는 것이 필요하다고 보고, 이런 민주화운동 관련자에 대한 민주유공자 예우의 필요성은 보훈 영역에서 민주와 관련하여 검토해야 할 과제라고 본다. 그리고 이런 조처가 이루어져야 하는 중요한 근거는 ① 민주헌정 질서 확립에 대한 민주화운동의 기여 인정, ② 국가 사회 발전에 기여한 사람들에 대한 형평성 차원의 예우 필요성, ③ 민주 사회 발전과 사회정의 실현에 이바지하는 보훈 문화 확보 등 크게 세 가지로 정리해 볼 수 있다고 본다.(한

양대학교 산학협력단. 2018)

2) 보훈정신 함양사업 확대

민주 영역을 포함한 희생과 공헌의 가치를 알리고 계승하는 보훈정신 함양사업이 확대되어야 한다고 본다. 이와 관련한 최근 주요 성과를 보면, 먼저 보훈대상자, 학생, 교원 등 맞춤형 보훈정신 계승 연수과정이 운영되고 있다. 최근에는 코로나19에 적극 대응하기 위해 보훈정신 함양사업 집합교육을 온·오프라인 융합형 교육으로 변경하여 연수과정을 진행하고 있다. 다음으로 청소년을 대상으로 다양한 보훈 체험 프로그램을 추진하고 있다. 이와 관련하여 민간기관의 공모를 통해 청소년 체험 프로그램을 운영하고 있고, 학교와 연계한 보훈현장 탐방 및 보훈봉사 활동도 추진하고 있다. 또 '대한민국 온라인 청소년박람회(여성가족부 주관)'에 참가하여, 박람회 홈페이지를 통해 실시간으로 보훈 역사 강의를 송출하고, 보훈처 3D부스 운영, 비대면 교육을 위한 체험교구재 배포 등의 활동을 진행하였다. 다음으로 특히 '2020년 민주 10주기 사업'의 일환으로 민주주의 주제의 VR을 제작하여 배포한 것을 들 수 있다. 이와 관련하여 'VR로 전하는 보훈 이야기' 권역별 VR 체험존을 순회 운영하였다. 이와 함께 청소년 대상 보훈 체험 프로그램 추진과 관련하여 비대면·국내 보훈현장 탐방으로 기존 사적지 탐방 사업을 변경하여 추진하였다. 이를 위해 웹사이트를 구축하여 국내외 사적지 탐방 정보 및 교육 자료를 온라인으로 제공하였다. 그리고 국내 탐방과 관련해서는 직접 탐방 코스를 설계(4인 이하)하고 후기를 제작하게 하는 등 시너지를 창출하기 위한 활동을 전개하였다.

보훈정신 함양사업 확대와 관련하여 수요자 맞춤형 보훈선양 학습 자료를 개발하여 보급한 점도 주목할 만한 성과라고 본다. 이를 위해 '우리가 알아야 할 보훈기념일'에 대해 대상별(초·중등), 주제별(독립·호국·민주)로 시·공간 제약 없이 교육할 수 있도록 전자책을 제작하였다. 청소년 체험 교구재 개발과 관련하여 보면, 독립·호국·민주 주제로 비대면 강의와 연계하여 현장성·효과성을 제고하였고, 체험 중시 Z세대 특성에 맞는 교구재를 제공하는 데 역점을 두었다. 이와 함께 교과연계 학습 자료를 개발하기 위하여 보훈교육과 교과과정의 연결 맵을 제작하고 이를 바탕으로 초·중·고 전체 42개 교육 프로그램을 개발하였다. 그리고 보훈학습용 웹사이트인 '나라사랑배움터'를 활성화하는 노력을 경주하였다. 이를 위하여 비대면 학습을 위한 교안·영상

자료를 월별로 게재하고, 교과 연계 홍보 및 접속 유도를 위한 퀴즈 이벤트도 지속적으로 실시하였다.

보훈정신 함양사업 확대와 관련한 성과로 마지막으로 국민과 함께 공감하는 참여형 보훈 문화 확산 추진을 들 수 있다. 이를 위하여 미래세대가 보훈을 생각하고 콘텐츠로 표현하는 공모전을 추진하였다. 이를 통하여 청소년·대학생이 보훈 콘텐츠를 직접 기획·제작하는 과정에서 자연스럽게 희생·헌신을 기억하고 추모하는 보훈 문화를 일부 체험할 수 있었다고 본다. 그리고 일상 속 보훈 의식을 고취시키는 보훈 문화상 시상이 지속적으로 이루어지고 있다.

희생과 공헌의 가치를 알리고 계승하는 보훈정신 함양사업 추진과 관련하여 발전 방향을 생각해 보면, 먼저 희생과 공헌의 가치를 알리고 계승하는 보훈정신 함양사업에 대한 개선을 위하여 학교 현장에서 실제 활용되는 보훈 학습 자료 개발이 지속적으로 필요하다. 이를 위해 국가보훈처-일선기관이 협업하여 자료 개발 확대, 고등학생용 보훈교과서 개발 등을 생각해 볼 수 있다.

우리가 알아야 할 보훈기념일   얘들아, 4·19혁명 이야기를 들어볼래?

3) 보훈기념사업 발전 추진

우리 사회 민주 관련 보훈정책 발전 방향 검토와 관련하여 중요한 영역 중의 하나가 국민과 함께하는 보훈기념사업 추진이다. 이와 관련하여 최근 달성한 주요 성과를 살펴본다. 먼저 위기 상황을 기념일의 의미로 극복하는 기념사업이 추진되었다는 점이 주목할 만하다. 이는 주로 코로나19 위기 상황과 기념일의 의미를 결합한 위기 극복 메시지를 전파하는 경우로 나타났다. 코로나19 확산으로 기념사업회 및 지방자치단체의 의견을 수렴

하여 기념식 취소 발표 및 취소된 기념식의 의미를 알리는 당일 지면 광고를 진행하였다. 기념일 당일에는 KBS 9시 뉴스 시작 시점에 2·28민주운동 기념탑, 3·8기념탑, 3·15묘지 등 화면을 표출하였고, 이를 통해 국민들이 국가기념일임을 인식할 수 있도록 추진하였다. 또한 코로나19 확산 초기에 취소된 민주 관련 정부 기념식(2·28, 3·8, 3·15)의 의미를 4·19혁명 60주년 기념식 등에 연계하여 개최하기도 하였다.

보훈기념사업 발전 추진과 관련하여 미래세대가 참여하고 공감하는 정부 기념식이 추진되는 경향이다. 이를 위해 과거와 현재를 잇는 스토리와 기념일의 주인공이 출연하는 기념식들이 구성되고 있다. 이를 위해 기념식 프로그램의 일부를 국민 온라인 참여로 구성하여 기념식 당일 무대공연과 접목하여 감동 있는 기념식으로 승화하고 있다. 4·19혁명 60주년 및 5·18민주화운동 40주년을 SNS을 통해 홍보하는 등 변화가 이루어지고 있기도 하다. 이처럼 최신 트렌드를 반영한 짧고 흥미로운 영상으로 보훈 기념일의 의미를 설명하고 공유 이벤트를 통해 참여를 유도하고 있다.

보훈기념사업 발전 추진과 관련하여 다음으로는 국가유공자에 대한 존경과 감사의 분위기를 확산하는 호국보훈의 달 사업을 사례로 들 수 있다. '생활 속 거리두기'에서도 호국보훈의 달 행사에 참여하고, 보훈의 현장을 체험하는 다양한 온·오프라인 행사를 추진하였다. 국민 관심 제고를 위한 유튜브 활용 콘텐츠 제작 및 배포 등 가용 매체 활용을 통한 입체적 홍보로 국가유공자에 대한 존경과 예우의 문화를 확산하는 데 일조하였다.

이런 국민과 함께하는 보훈기념사업 추진과 관련한 개선 사항으로 컨설팅 사업을 통한 현장 점검 및 피드백으로 민간행사의 품질을 제고할 필요가 있다. 다음으로 정부 기념식과 관련하여 미래세대가 참여하고 공감하는 콘텐츠 활용으로 정부 기념식 홍보 효과를 제고하는 것이 우선 필요하다고 본다.

5. 나오는 글

우리 사회를 지탱한 역사를 돌이켜 볼 때 보훈의 주요 영역인 독립·호국·민주가 오늘의 대한민국을 만든 애국의 세 기둥임을 알 수 있다. 이에 더해 국민의 생명과 재산 보호를 위한 국가유공자의 희생과 헌신 역시 우리 사회의 안정과 발전을 이루는 토대가 된다. 이는 우리 역사와 보훈이 서로 연결된 사정에서 나온

말로서, 특히나 근현대사에서는 독립과 호국, 그리고 민주화운동 등 보훈과 국가유공자가 우리 사회를 메고 나간 장본인이라고 할 수 있다(서운석, 2017; 서운석, 2020b).

우리 사회는 식민, 분단, 전쟁, 독재 등 어려운 과정들을 숱하게 겪었다. 이런 과정에서는 당연히 상당한 고통과 트라우마가 남을 수밖에 없다. 이를 치유하는 것도 우리 사회의 과제이다. 이 과제가 잘 해결되면 이는 바로 우리 사회 통합과 발전의 동력이 될 수 있다. 이런 과제를 풀기 위한 지침으로 보훈이 역할을 할 수 있다. 그중에서도 특히 민주 영역에서의 보훈의 가치가 더욱 적합한 도움을 줄 수 있다. 우리 사회의 고통과 트라우마를 효과적으로 극복하기 위한 방법은 민주적 가치와 목표가 중심이 되어야 하기 때문이다. 이를 위해서는 우리 사회에서 민주에 기반을 둔 보훈 문화가 더욱 확산되어야 한다. 현재 우리 사회는 지속적으로 민주화를 진행하면서 과거의 경직된 사회구조에서 벗어나기 위한 일들을 추진하고 있다. 4·19나 5·18 등을 겪으면서 우리 사회는 민주주의의 귀중한 싹을 키워나가고는 있었지만 1980년대 후반까지는 정부와 국민 혹은 가족 간의 관계에서 전체주의적이고 군사문화적인 환경이 지배적이었던 게 사실이다. 일부에서는 이런 사회적 문화가 개발도상국으로서의 우리 처지에서는 어쩔 수 없었다든가 아니면 오히려 유리한 점도 있었다고 평가한다. 그러나 이는 서로 다른 의견에 대한 억압이자 불공정이기도 했다. 예를 들어 정부와 일부 특혜 기업은 그들만의 이익 세계를 이루었고, 일반 국민들은 자신들의 의견이나 이익을 자유롭게 말할 수 없었다. 그러므로 이런 사회는 자유와 창조성에 대한 욕구를 풀 수 없는 폐쇄된 사회였던 것이다. 이런 사회는 효율적이지도 않고 민주적이지도 않아서 결과적으로는 불행한 사회였다. 이런 상황에서 우리 사회는 독재에 대항하여 진실을 말하고 자유를 요구하는 것을 멈추지 않았다.

그 결과는 우리 사회의 현재가 말해 주고 있다. 국민을 위해 봉사하는 정부와 각종 기관들의 서비스와 민주적 절차를 포함한 민주주의는 계속 나아지고 있다. 물론 민주적 과정이 때로는 소모적이고 혼란스러워 보일 수는 있다. 그러나 확실한 점은 다른 의견이라도 솔직하고 예의로서 나누는 것이 굴종하고 침묵하는 것보다 훨씬 튼튼한 사회가 된다는 것이다. 현재 한국의 경제와 문화가 외국에서 더 많이 환영받는 데는 그에 상당하는 이유가 있다고 본다. 그 바탕에는 무엇보다도 우리 사회의 민주적 능력과 자질을 인정하는 국제적 신뢰가 있다고 생각한다. 다른 말로 하면, 더 민주적인 사회가 경제 발전에도 이롭다는 것이다.

우리 사회는 지금의 효율성과 경쟁력을 유지하기 위해 끊임없이 혁신해야 한다. 이런 혁신은 우리 경제의 핵심이 되어야 하며, 이제까지의 성공이 이에 큰 도움을 받고 있기도 하다. 혁신은 구성원들이 전에 없던 기술이나 제품을 새롭게 상상하고 구상하게 하는 분위기가 중요하다. 이렇게 구성원들이 과거에 빠지지 않고 미래에 도전할 수 있도록 하는 환경이 바로 튼튼한 민주주의이다. 문화도 마찬가지고 사회도 동일하다. 권위에 억눌리지 않고 불공정이나 부자유를 고쳐 나갈 수 있을 때 문화가 발전하고 사회가 진보할 수 있다. 그래서 우리 사회가 경제 발전을 지속하고, 문화와 사회가 진전하기 위해서는 더 나은 민주주의가 필요한 것이다.

애국, 보훈 그리고 민주주의
: 인도네시아와 한국

이경묵_ 신한대학교

1. 서론

보훈의 일차적인 뜻은 '공훈에 보답한다'는 뜻이다. 그런
데 여기서 '보답'의 뜻은 일반적이지 않다. 「국가보훈기본법」
(2005.05.31.)에서 보훈은 "국가를 위하여 희생하거나 공헌한 사
람의 숭고한 정신을 선양하고 그와 그 유족 또는 가족의 영예로
운 삶과 복지향상을 도모하며 나아가 국민의 나라사랑 정신 함
양에 이바지"하는 행위로 정의된다.(이찬수 외, 2020: 5) 그런데 명
료해 보이는 위 구절을 살펴보면 의문점이 등장한다. 보훈의 정
의를 보면 두 가지 다른 종류의 일이 이어져 있는 것 같다. 희생
하거나 공헌한 사람 그리고 그 유족과 가족에게 국가가 '답하는'
일 하나, 그리고 국민들로 하여금 '나라를 사랑하도록 하는' 일이
또 하나이다. 그 둘을 연결시키기 위해서는 보훈을 국가와 국민
이 맺는 관계로 보아야만 한다. 국가와 국민이 맺는 관계는 사람

들 사이의 관계와 같지 않다. 사람들은 서로 다른 사람들과 다양한 방식으로 관계를 맺는다. 그런데 국가와 사람은 어떻게 관계를 맺을 수 있을까? 국가와 국민이 맺는 관계는 우리가 누군가를 사랑하고 누군가의 은혜를 갚고 상대편의 의사를 존중하는 것과 다른 것인가?

이 글은 애국, 보훈, 민주주의가 국가와 국민이 관계를 맺는 여러 방식 중의 하나라고 가정하고 그 관계가 지속되기 위한 조건이 무엇인지를 설명하고자 한다. 먼저 따져보아야 할 점은 국가와 국민이 맺는 관계와 사람과 사람 사이의 관계는 같지 않다는 점이다. 누군가 한 국가의 시민권을 지니고 있다는 말과, 국민 각자가 자신이 태어나기 전인 과거와 자신이 죽은 후의 미래를 모두 포함하는 '국가라는 공동체의 구성원임을 받아들인다는 말은 확연히 다른 의미이다. 가족, 국가, 기업, 남성 혹은 여성, 연령 집단 등으로 구분된다는 점과, 그 대상이 나의 공동체라고 말하는 것은 다른 뜻이다. 애국과 보훈은 국민이 국가를 공동체로 받아들인다는 점을 전제로 삼는 동시에 그것을 목표로 설정한다. 여기서 전제와 목적이 동일하다는 점을 자세히 살펴보자. 애국과 보훈이라는 개념은 국가공동체가 이미 존재해야만 가능한 개념이다. 그런데 모든 국민이 이미 국가라는 공동체의 구성원이라면 군이 국가라는 공동체 만들기를 목표로 설정할 필요가 없다. 모든 사람이 태어났을 때부터 국가의 국민으로 태어난다는 말과 사람들이 국가를 사랑하며 그 공동체의 성원임을 받아들인다는 문장 사이에는 간극이 있다. 그 차이에 주목하여 표시하면 아래와 같을 것이다.

[국가 공동체①] → 애국, 보훈, 민주주의 → [국가 공동체②]

논리적으로 따져본다면 ①과 ②는 다른 것이어야 한다. 전제가 되는 국가공동체①보다 목표로 설정한 국가공동체②가 '더 바람직한 것'이거나 '현실 상황에 더 적합한 것'이어야만 한다. 애국과 보훈 그리고 민주주의는 출발점인 국가(공동체)와 종착점이 국가 공동체 사이에 있다. 이 글은 애국과 보훈이라는 쌍이 국가와 국민이 맺는 여러 관계 중의 하나이며 그 관계의 기반과 근거가 '민주주의'라는 점을 보여주고자 한다. 국민과 국가는 서로 구분되는 행위 주체이다. 국가와 국민이 맺는 관계에서 애국은 국민이 국가를 사랑함을, 보훈은 국가가 국민에게 보답함을 뜻한다. 국민이 국가를 사랑했을 때 국가는 국민에게 보답한다고 받아들일 경우, 전자는 국민에게서 국가로, 후자는 국가로부터 국민에게로 향하는 반대 방향의 행위가 된다.

애국 : [국민 → 국가]

보훈 : [국가 → 국민]

그런데 애국과 보훈을 국가와 국민이 '주고받는' 거래라고 정리하기는 어렵다. 국민과 국가가 무엇인가를 주고받는 방향을 표시할 수 있다고 해서 [국민 ↔ 국가]에서 → 을 애국으로, ← 을 보훈이라 말할 수 없다. 무엇인가를 주고 받아야할 의무와 권리를 정한 거래의 규칙일 수 없기 때문이다. 국민은 왜 국가를 사랑하는가? 국가를 사랑함은 의무인가? 의무의 이행을 사랑이라 할 수 있는가? 사랑에 대해 언제 어떻게 보답할지를 미리 규정할 수 있는가? 예를 들어 1948년 헌법에서 제시되었던 교육의 의무, 근로의 의무, 납세의 의무, 국토방위의 의무나, 5공화국 헌법에서 추가된 재산권행사의 공공 복리 적합 의무와 환경보전 의무 등은 "국가적 공동체를 형성하고 유지하기 위한 국민의 실정법상의 의무를 의미할 뿐"* 국민이 해야만 하는 모든 일을 뜻하지 않는다. 또한 한 개인이 국민으로서 해야만 하는 '의무'를 완수했다고 해서 그 모든 행위에 대해 국가가 개인에게 '보답'하지 않는다. 국가가 납세의 의무나 국토 방어의 의무를 다한 이에게 감사를 표하고 충실히 그 의무를 다한 이를 표창하기도 한다. 그러나 이러한 행위를 '보훈'이라 칭하지는 않는다. 즉 애국과 보훈의 관계는 국가를 위해 의무를 다한 국민에게, 국가가 권리를 보장해주는 것이라 보기 어렵다. 애국은 국가에 대한 의무를 초과하기도 하며 보훈은 법적으로 정해진 보상을 지급한다는 의미 이상의 의미를 지닌다.

(1) 실정법상 국가는 국민에게 의무를 부여한다.

(2) 국민이 행한 모든 의무가 보훈의 대상이 되지는 않는다. 국가는 국민이 행한 특정 행위에 보답한다.

(3) 애국과 보훈은 국가와 국민 사이에서 오고 가는 행위이지만 의무와 보상의 목록과 내용을 고정시킬 수 없다. 보상의 목록과

---

* 한국민족문화대백과 사전 「국민의 기본의무」
  http://encykorea.aks.ac.kr/Contents/Item/E0006313

내용이 정해져 있다고 해서 애국과 보훈을 교환 혹은 계약의 이행으로 해석할 수는 없다.

더욱이 행위를 한 순간 국민과 국가 양쪽 모두에 의해 '애국'이라고 받아들여지지 않았으나 이후 '보훈'의 대상으로 인정받을 수도 있고(시간적 차이), 국민과 국가 모두가 특정한 행위를 애국이라 받아들이지 않을 수도 있다(해석의 차이). 즉 애국과 보훈은 법으로 규정된 의무와 권리의 목록으로 고정되어 있지 않다. 국가와 국민은 서로 명확히 구분되지 않고 서로를 포함한다. 국가가 없이는 국민이 존재할 수 없고 국민이 없다면 국가는 유지될 수 없을 것이다. 구체적인 형태가 다를지라도 민주주의는 국가와 국민이 맺는 '이상적인' 결합 방식을 가리킨다. 그것은 '이상적'인 결합 방식이기에 현실적인 결합 방식과는 다른 원칙을 지닌다. 또한 애국과 보훈과 관련하여 민주주의는 두 방향의 행위를 규정하고 승인하는 기반이다. 이는 행위 주체로서 국가와 국민이 어떠한 실수도 하지 않는다거나 국가와 국민의 생각이 항상 같다는 점을 뜻하지 않는다. 오류와 차이가 있음에도 불구하고 국가-국민 관계가 이어질 수 있는 조건은 무엇인가? 국가-국민 관계에서 지속가능성은 어떻게 확보될 수 있는가?

아래에서는 세 가지 예를 들어 애국, 보훈, 민주주의 사이의 관계를 다시 정리해 보겠다. 그 첫 번째가 링컨의 게티스버그 연설과 이명박 대통령의 천안함 희생자 연설문, 두 번째는 신생 다종족 국가인 인도네시아의 탄생, 세 번째가 경기도 포천 지역의 '독수리 유격대'의 사례이다. 이 글에서 서로 다른 시간과 공간에서 일어났던 사례들을 나란히 배치하는 이유는 서론에서 제시했던 불일치, 즉 국가와 국민이 당연히 공동체가 되지는 않으며 그 둘 사이의 지속가능한 그리고 바람직한 관계가 국가와 국민 사이의 의무와 권리의 목록을 충실히 수행하는 것만으로는 만들어질 수 없다는 점을 보여주기 때문이다.

2. 의지미래의 대상으로서 보훈

링컨의 게티스버그 연설은 3분 남짓의 짧은 분량이나 고전적인 연설로 인정받는다. 널리 알려져 있듯 게티스버그(Gettysburg Address)는 미국 남북전쟁이 진행 중이던 1863년 11월 19일 펜실베니아주 게티스버그에서 행해졌다. 당시 게티스버그에서 벌어졌던 전투가 끝난 후 숨졌던 병사를 안치하기 위한 국립묘지 봉

헌식에서 행해진 연설이다. 그중 가장 유명한 구절은 "국민의, 국민에 의한, 국민을 위한 정부"이다. 중요한 점은 이 연설이 미국 역사상 가장 끔찍한 역사적 사건인 내전 중이 나왔다는 점 그리고 아래에서 확인할 수 있듯이 '나라가 다시 탄생할 것이라는 결의'의 내용으로 국민의, 국민에 의한, 국민을 위한 정부라는 구절이 위치하고 있다는 점이다.

〈게티스버그 연설〉

"우리는 여기서 우리에게 남겨진 위대한 과제, 즉 명예롭게 죽어간 용사들이 죽음을 두려워하지 않고 헌신했던 대의를 위해 우리도 더욱 헌신해야 한다는 것, 그들의 희생이 결코 헛되지 않도록 우리의 결의를 굳건히 다지는 것, 하느님의 가호 아래 이 나라가 자유롭게 다시 탄생하리라는 것, 그리고 국민의, 국민에 의한, 국민을 위한 정부는 이 세상에서 결코 사라지지 않으리라는 것을 다짐해야 합니다."

즉 '전사한 이들을 잊지 않고 그들의 희생이 보상받을 것'을 천명하는 데 그치지 않고 국가는 다시 탄생해야만 하고, 민주주의 국가가 사라질 위험을 극복해야 한다고 약속하였다*는 점이 중요하다. 전사자를 앞에 둔 상황에서의 보훈의 의미는 연설 당시의 '국가'가 아닌 (더 나은) 국가를 만들어야 하며 국민이 국가를 위해 희생하는 상황이 다시 반복되지 않도록 해야 한다는 점이 강조된 것이다. 국민이 국가를 사랑하고 그것을 지키기 위해 목숨을 바친다는 문장은 아름답다. 그러나 국가가 국민에게 '당신이 나(국가)를 사랑한다면 나를 위해 목숨을 희생함이 마땅하다'고 말할 수는 없다. 국민이 나라를 사랑해야 한다는 말이 국민이 국가를 위해 희생해야만 한다는 식으로 의무를 정당화할 수는 없다. 링컨의 연설은 국가를 사랑하는 국민으로 하여금 국민 스스로의 목숨을 바쳐야만 하는 상황, 즉 같은 나라의 국민이었던 이들이 적과 아군으로 나뉘어 싸워야만 했던 내전이 다시 일어

---

* 한국번역학회는 위 연설문에서 가장 유명한 구절인 '국민의 국민에 의한 국민을 위한 정부가 이 지구상에서 영원히 사라지지 않을 것이다'를 중대한 오역이라 지적하면서 두 가지를 지적한다. 첫째는 government를 정부가 아니라 정치라 해석하는 것이 옳고, shall not perish from the earth를 단순미래형이 아니라 화자의 의지를 천명한 의지미래로 해석해야 한다는 것이다. "교과서 최대의 오역-민주주의 대장전 링컨의 게티즈버그 연설문" http://kats.or.kr/bbs/board.php?bo_table=s0502&wr_id=61 (2021. 08.19일 접속)

나지 않도록 하는 것이 그들의 애국에 대한 보답 즉 보훈임을 지적했다. 여기서 보훈은 희생했고 손해를 입은 국민과 유가족에 대한 정신적·물질적 보상만을 칭하지 않는다. 나라를 사랑했기에 전쟁에서 죽어야만 했던 희생자들에 대한 보훈은 전쟁을 끝내고 또 전쟁 상황을 다시 만들지 않는 것이다.

추모연설의 핵심적 주장이 국민이 '보훈'의 대상이 되는 상황을 종결시키겠다는 맹세와 약속이라는 점은 2010년 천안함 추모연설에서도 확인된다.

〈2010년 4월 19일 이명박 대통령의 천안함 추모연설〉

국민 여러분, 지금 우리는 깊은 슬픔과 충격 속에 있습니다.

지난주, 침몰된 천안함의 함미가 인양되고, 실종 장병 한 사람 한 사람이 태극기에 덮여 나오는 모습에 국민 모두가 울었습니다. 우리 젊은이들이 어떻게 이런 일을 당했는지, 가슴이 터지는 듯했습니다. (중략)

나는 여러분에게 약속합니다. 대통령으로서 천안함 침몰 원인을 끝까지 낱낱이 밝혀낼 것입니다. 그 결과에 대해 한 치의 흔들림 없이 단호하게 대처할 것입니다. 다시는 이런 일이 일어나지 않도록 하겠습니다.

철통 같은 안보로 나라를 지키겠습니다. 나는 우리 군대를 더욱 강하게 만들겠습니다. 강한 군대는 강한 무기뿐만 아니라 강한 정신력에서 오는 것입니다. 지금 우리에게 필요한 것은 무엇보다 강한 정신력입니다.

지금 우리는 우리 스스로를 되돌아 봐야 합니다. 우리에게 무엇이 부족한지, 무엇이 문제인지, 철저히 찾아내 바로 잡아야 할 때입니다. …(중략)…

존경하는 국민 여러분, 이 큰 충격, 이 큰 슬픔을 딛고 우리 모두가 한마음 한뜻으로 힘을 모아 이 어려움을 이겨냅시다. 이것이 남아 있는 우리들이 장병들의 희생을 진정으로 기리고 그 뜻에 보답하는 길이 될 것입니다.

이명박 대통령의 천안함 희생자를 위한 연설에서 다시 확인할 수 있는 것은 국가를 위해 희생한 이들을 더 이상 늘리지 않겠다는 약속과 다짐이다. 현재의 문제점, 더욱 더 강한 군대, 더 강한 정신력 등의 수단은 국민이 국가를 위해 스스로를 희생해야만 하는 상황을 종결시키기 위한 것이다. 즉 게티스버그 연설과 천안함 연설에서 공통적으로 확인할 수 있는 것은 〈미래완료〉의 약속이다. 여기서 미래완료형이라는 표현이 뜻하는 바는 국민이 애국적 행위를 했기 때문에 국가가 그에 대해 보답한다는 논리만으로 보훈을 충분히 설명할 수 없다는 점을 보여준다. 담론의 특수한 형태로서 맹세란 아직 실현되지 않았고 실현될지의 여부가 확정되지 않은 것을 대상으로 한다. 두 연설에서 확인할 수 있는 점은 다음과 같다. 각 개인에 대한 보상을 넘어 국가의 이름으로 해야만 하는 약속의 최종 형태는 민주주의적 국가를 다시 만들어야만 한다는 맹세 혹은 다짐이다. 그렇다면 보훈은 아직 미확정적인 민주주의적 국가에 대한 약속이며, 애국은 아직 다다르지 못한 민주주의를 위한 투신(投身)인 것이다. 보훈은 민주주의에 대한 약속이다. 이를 국민-국가 사이의 관계를 중심에 놓고 다시 정리한다면 다음과 같다. 전사자 개인의 입장에서 보면 그의 죽음은 하나의 국가-국민 관계의 종결이다. 이미 종결된 국가-국민 관계를 지속가능하게 하는 방법은 국민이 국가를 위해 죽어야만 하는 상황의 중단일 것이다. 여기서 확인할 수 있는 바는 나라를 사랑하기에 자신을 희생해야만 하는 상황을 다시 반복하지 않겠다는 다짐, 즉 평화가 보훈의 근본적 요소라는 점이다.

3. 사례 1: 인도네시아에서 국가 만들기

이제 다민족 국가인 인도네시아에서 민족주의, 즉 국가-국민이 맺는 관계가 어떻게 만들어졌는지를 살펴보자. 이 작업은 보훈과 민주주의의 관계에 대해 논하는 본서에서 두 가지 의의가 있다. 첫 번째 의의는 국민이 국가를 사랑하고 국가가 국가를 위해 공헌하고 희생했던 이의 공훈에 보답한다는 '국가 ↔ 국민 관계'의 복합적 성격을 보여주는 것이고, 두 번째는 국가가 국민들로 하여금 나라를 사랑하게끔 그 기반을 마련하는 작업이 어떤 성격을 띠는지를 밝히는 것이다.

1) 다민족 국가에서 민족국가의 형성

보훈과 애국은 국가와 국민 사이의 유대 혹은 친밀성에 기반을 두고 있다. 그렇다면 그와 매우 유사한 논의의 영역은 민족주의의 탄생이다. 사실 민족이라는 개념을 어떤 사실(事實)로서 규정 내리기는 어렵다. 핏줄, 언어, 종교, 경제공동체 등 민족을 정의하는 소위 객관적 요소들이 실상은 '민족'이라는 공동체가 형성된 이후에 사후적으로 규정되었던 것일 뿐 아니라, 주관적 요인으로 거론되는 문화적 동질성 혹은 역사적 경험 등도 '하나의 단위로 살아가겠다'는 결정적 계기나 결정 없이는 '민족' 혹은 '민족의식'으로 이어지기 힘들기 때문이다. 결국 민족의 구성과 형성에 대해 논하기 위해서는 특정한 -본래적 혹은 본질적- 요인을 실증적인 것으로 식별하고 그것이 발현된 결과로 민족을 자리매김하는 방식이 아니라, 어떤 "과정을 통해" 민족이 만들어졌는지를 추적하는 것 이외엔 다른 방법이 없어 보인다. 즉 민족주의는 특정한 조건을 충족하면 자동적으로 도출되는 결과가 아니라 적극적으로 만들어내야만 하는 결과물이다.

아래에서는 주어진 조건을 고려했을 때에는 민족이라는 공동체를 만들어낼 수 있는 가능성이 매우 희박했던 예를 설명해보겠다. 인도네시아의 예이다. 최근에는 그 정도가 많이 약화되었다고는 하지만 국민과 민족 구성원으로서의 '동질성'을 강조하는 한국과 같은 상황에서 보면 인도네시아라는 이름의 국민국가 형성은 쉽사리 이해되지 않는다. 민족과 국가라는 개념을 열린 것으로 즉 괄호를 치고 그것이 무엇인지를 먼저 규정하지 않은 채 형성 과정을 그저 추적한다는 소극적인 지침을 세운다 할지라도, 인도네시아에서의 민족주의의 출현을 설명하는 작업은 어렵다.

간략히 인도네시아의 민족/민족주의의 상황을 살펴보자. 첫째, 600개에 가까운 토착 언어를 사용하는 300여 개의 종족으로 이루어진 신생 국가인 인도네시아가 어떤 '마술'에 의해 하나의 국민국가로 만들어질 수 있었을까? 둘째, 전 인구의 90% 가까운 집단이 이슬람교도인 지역에서 왜 '이슬람'이 '민족됨' (nationhood)를 규정하는 핵심적인 구심으로 채택되지 않았는가? 300여개의 종족 중 절반이 넘는 자바(Java) 문화와 자바어 (Javanese)가 인도네시아를 규정하는 주된 상징과 언어가 되지 못하고 오히려 독립 이후 억압되어 있던 이유는 무엇인가?

위에서 소개한 곤란과 제약에도 불구하고 '인도네시아의 민족주의'에 대한 다수의 논의가 있으며 학계에서 '공인된' 설명이 있다. 인도네시아의 민족주의는 초대 대통령인 수카르노(Sukarno)가 결성한 인도네시아국민연합(Persatuan Nasional Indonesia, PNI)을 중심으로 형성되었다. PNI는 모든 인도네시아인을 당원으로 하고 비협조 비폭력 대중운동을 통한 인도네시아의 독립 쟁취를 목표로 하였다. PNI는 이슬람연맹당(Partai Srekat Islam)과 당시의 중국인과 아랍 공동체까지를 포함하는 범 인도네시아 민족주의를 이끌게 된다. 인도네시아 민족주의를 이끌던 젊은 지식인층은 이후 네덜란드의 탄압과 일본 점령기(1942-1945)와 혁명기(1945-1949)를 거친 이후 1950년 8월 17일 인도네시아 공화국의 정식 출범을 맞이하게 된다(양승윤, 1990: 89-113 참조). 인도네시아에서 '상상의 공동체'로서 민족이 형성되는 과정과 관련한 설명은, 숨빠 뻐무다(Sumpah Pemuda 청년의 맹세)와 인도네시아어(Bahasa Indonesia)에 대한 언급을 빼놓지 않는다. 인도네시아 청년회의가 1928년 10월 28일의 식민지령 인도네시아의 수도였던 바타비아에서 채택한 이 선언은 '하나의 조국 인도네시아, 하나의 민족-인도네시아 민족, 하나의 언어-인도네시아어'를 채택하였다(양승윤, 2010: 315 참조). 공통의 종교적·지역적 유대가 결여된 인도네시아에서 민족 정체성과 동질성을 개발할 필요성은 젊은 민족 엘리트들 사이에서 폭넓게 공감되었고, 이것은 이후 인도네시아 문화의 기반이 될 발전을 이끌게 되었다. 인도네시아어(Bahasa Indonesia)는 수 세기 동안 지역 언어의 하나로 쓰여온 믈라유(Melayu)어를 기초로 하여 발전되었다. 인도네시아어는 20세기 초 이래 이를 통해 쓰여진 새로운 문학이 태동하며, 다-종족 사회에서 중립적으로 사용되는 언어로서 발전한다. 같은 시기에 인도네시아 모든 분야의 출판물이 급속히 팽창하며, 1918년 이미 대부분이 인도네시아어로 된 40여 종의 신문이 발간되었고, 1925년까지 이는 약 200종으로 증가했다. 1938년에는 400여 종의 일간지와 주간지 및 월간지가 발행되었으며 이러한 근 현대 문학의 발전에는 미낭까바우인 작가들이 주도적인 역할을 담당했다. 이는 인도네시아의 수많은 지역 언어 중 미낭까바우어가 믈라유어와 바하사 인도네시아에 가장 가까웠다는 데에서 기인한다(양승윤, 2010: 314).

인도네시아의 민족과 민족주의에 대한 위의 요약은, 20세기 초반 외부(서구와 여타 아시아의 식민지들)로부터의 영향을 받은 젊은 엘리트층이 저항적 민족주의 운동을 진행하였으며 그 과정에서 하나의 언어(인도네시아어)와 신문과 책 등의 출판물의 출간을 통해 '하나의 상상 공동체'를 만들기 위한 기반을 마련했다. 그러나 이 요약은 앞서 제시했던 질문들에 충분히 답하지 못한다. 젊은 민족 엘리트들 대부분 역시 무슬림이었음에도 불구하고 왜 이슬람은 그들의 운동의 중심이 되지 못했는가? 길게 보면 350년 동안 네덜란드의 통치를 받은 인도네시아에서 네덜란드어가 아닌 인도네시아어가 종족 간 의사소통의 매개로 자리 잡을 수 있었던 이유는 무엇인가? 가장 많은 인구가 사용하고 있던 자바어가 아닌, 사용자가 극히 한정되어 있던 교역어에 기반을 둔 신조어(新造語)인 인도네시아어가 민족 만들기의 핵심적인 도구로 설정된 이유는 무엇인가? 또한 인도네시아어(Bahasa Indonesia)의 폭발적인 확산과 영향력 확대는 어떻게 해서 가능했는가?

2) 미래형으로서 민족주의와 인도네시아어

앞의 논의에서 보훈과 민주주의가 맺는 관계를 설명하며 '미래완료형'을 언급했다. 인도네시아에서 민족주의의 출현 역시 그 특징을 보여준다. 인도네시아 민족주의의 방향을 제시한 중요한 글로 평가 받는 "민족주의, 이슬람 그리고 마르크시즘(Nationalism, Islam and Marxism)"에서 수카르노(Sukarno)는, 하나됨의 정신(Spirit of Unity)을 반복해서 강조한다. 수카르노 스스로가 인도네시아 민족주의(nationalism)의 내용을 정확히 언급하기를 피하는 반면, 이전까지의 식민지 네덜란드에서의 주요한 운동 세력이었던 공산주의와 이슬람 세력을 화해시키기 위해 식민지적 상황의 특수성, 마르크시즘의 수정, 광의의 이슬람 개념의 강조, 예언자적 암시 등의 수사를 동원한다는 것이다. 네덜란드의 식민지배 하에 독립운동을 하던 1927년 당시 수카르노가 마주하고 있던 가장 큰 문제는 "본질적으로는 국가를 거부하는 이슬람 운동과 국제적 투쟁을 주장하는 마르크시즘"(Sukarno, 1970: 36)을 화해시키는 것이었고 이를 위해 르낭의 주장을 끌어온다. 즉 국가는 지적인 기반인 영혼(soul)을 지니는바, 첫째, 공유된 공통의 역사, 하나로서 살아가려는 의지와 욕망이며, 인종도, 언어도, 종교도, 공통의 수요 혹은 국가의 범주(state boundaries)도 하나의 민족을 만들어내지 않는다(같은 글 38)는 것이다. "하나로 살고자 하는 욕망"(Sukarno, 1970: 39)을 위해 가장 중요한 것은 이전까지 반목의 상태에 있었던 이슬람 운동 세력과 마르크시스트 세력을 하나로 묶는 것이었다. 이에 수카르노의 자신의 글을 민족주의자, 무슬림 운동가, 마르크시스트 모두가 양보하고 주어야 함을 강조하며 끝맺는다.

> "만일 우리가 삶에서의 힘은 받는 것이 아니라 주는 것에 있다는 점을 받아들인다면, 만일 우리가 하나 되지 못한 분열이 우리의 노예 상태의 근본임을 알아챘다면, …(중략)… 조화는 만드는 이루어질 것이요, 한줄기 빛이 우리에게 다다를 것이다. 그 빛은 가까이에 있다." (Sukarno, 1970: 62)

수카르노의 고민의 깊이를 더하는 사실은, 20세기 이전 그리고 그 이후까지도 지속되었던 이슬람 운동가들이 '민족주의' 그리고 더 나아가 민주주의 자체를 거부하였다는 점이다. 식민지 인도네시아의 주요한 무슬림 지도자였던 모함마드 낫시르(Mohammad Natsir)는 "이슬람(종교)은 알라의 계시이나 민족주의는 인간의 사상이고, 더구나 인도네시아에서 생성된 것이 아니라 유럽에서 도래한 것이며, 유럽인들이 전쟁과 제국주의를 도입시켰기 때문에 현대주의 이슬람 지도자들은 민주주의를 순순하게 받아들이기를 거부했다."(양승윤, 2010: 320) 수카르노가 민족주의를 주창하던 1920년대 말까지도 이슬람만이 교육받은 도시의 지도층과 농촌 사회를 전체적으로 연결시킬 수 있었으며, 이슬람계 정당인 인도네시아이슬람연합당(PSII)이 유일하게 정치적 영향력을 가지고 이슬람과 이슬람 사회를 대변하고 있었다. 그러나 20세기 중반 이후 '새파란' 젊은이들이 중심이 되었던 '민족주의'는 이슬람을 대체할 세력으로까지 성장하는바 그 성장은 인도네시아어의 성장과 발전과 맞물린다. 아래의 예를 살펴보자.

앤더슨과 시겔(Siegel)은 제국과 민족의 비 양립성을 드러내는 극명한 사례로 자바의 인도네시아 민족주의자였던 수와르디 수리앙닌그라드(Suwardi Surjaningrat)의 사례에 주목한다. 수와르디는 네덜란드어 신문에 "Als ik eens Nederland was"(만약 내가 잠시 네덜란드인이 된다면) 이라는 글을 기고했는데, 그 글의 배경은 다음과 같다. 1913년 본국으로서부터 지시를 받은 바타비아에 있는 네덜란드 식민 정권은 프랑스 제국주의로부터 네덜란드가 독립한 100주년을 축하하는 대대적인 축제를 식민지 전역에서 주관했다. 그곳에 사는 네덜란드인이나 유라시아인 공동체들 뿐만 아니라 복속된 토착민들도 참가하고 재정적으로 공헌을 하도록 하라는 지시가 나갔다.(앤더슨, 1991: 147) 그 주요한 부분을 그대로 옮기면 아래와 같다.

"내 의견으로는 만일 우리가 (내가 상상 속에서 아직 네덜란드인인 상태에서) 원주민들에게 우리의 독립을 축하하는 축제에 동참하자고 요구한다면 좀 어울리지 않고 점잖지 못한 데가 있다. 첫째로 우리는 우리가 식민지화한 원주민의 땅에서 우리의 독립을 축하하고 있기 때문에 그들의 민감한 감정에 상처를 줄 것이다. 지금 우리는 우리가 100년 전에 우리가 외국의 지배에서 해방되었기 때문에 매우 행복해한다. 그리고 이런 모든 것이 아직 우리의 지배하에 있는 자들의 눈앞에서 일어나고 있다. 이 불쌍한 노예들도 이와 같은 순간을 (그들도 우리처럼 그들의 독립을 기념할 수 있을 순간을) 기다리고 있다는 생각이 드는가? 혹은 우리는 영혼을 파멸시키는 정책 때문에 모든 인간의 영혼들이 죽은 것으로 여기는가? 만약 그렇다면 우리는 스스로를 속이고 있다. 왜냐하면 아무리 원시적인 공동체라도 그 공동체는 어떤 형태의 억압에도 저항할 것이다. 내가 만약 네덜란드인이라면 독립을 빼앗은 나라에서 독립기념식을 조직하지는 않을 것이다." (앤더슨, 1991: 147)

위 글의 절묘함은 식민지의 피지배자들 전부를 '네덜란드 인'으로 호명하려는 독립기념일 행사에 대해, 인도네시아인을 네덜란드인으로 만들고자 한다면 네덜란드인이 인도네시아인이 되어 보아야 할 것을 권유하고 그와 동시에 그 가정이 불가능하다는 사실을 폭로했다는 것이다. 그런데 수와르디의 신문기사가 네덜란드어로 네덜란드 신문에 실렸던 당시 식민 정부는 별다른 조치를 취하지 않았다. 식민 정부의 심기를 건드리고 민족주의 운동의 색출과 탄압에 나선 시기는 그것이 믈라유어 -인도네시아어의 전신(前身)-으로 번역된 이후이다. 그 이유는 첫째, 네덜란드인을 부끄럽게 했던 그 텍스트가 일부 네덜란드인에게 반향을 일으켰다 할지라도, 그 효과는 그저 독립기념일 행사를 인도네시아에서 대대적으로 거행하지 않는 정도에 머물렀을 것이다. 둘째, 식민지 피지배자들 중 네덜란드어로 쓰여진 그 기사를 읽을 수 있는 사람은 극히 소수에 불과했던 데다, 그들은 -아직 존재하지도 않았던- 인도네시아인이 되기보다 진정 '네덜란드인이 되기'를 원하는 이들이었다. 셋째, 위 텍스트가 자바어, 순다어, 발리어 등의 토착 언어가 아니라 인도네시아어로 번역됨으로써 제국과 민족이 화해될 수 없으며 피지배자들은 결코 네덜란드인이 될 수 없다는 틀의 반대편에 자바인도 순다인도, 미낭까바우인도 아닌 오직 인도네시아인만이 놓이게 되었다. 다시 말해 "내가 만약 잠시 네덜란드인이 된다면"이라는 상상 자체를 가능하게 했던 지점 즉 그들이 "잠시" 꿈을 꾸고 그 꿈의 허망함을 깨닫고 독립이라는 다른 꿈을 꿀 수 있도록 할 수 있었던 장소는 "인도네시아어"였다.(Siegel, 1997: 26-30) 인도네시아어는 독립 이전부터 미래의 공용어로서의 지위를 획득했다. 네덜란드 식민지 치하에서 독립운동을 하던 세력은 1920년대 이미 '하나의 국가-인도네시아, 하나의 언어-인도네시아어(말레이어)'라는 구호를 내걸었으며, 오래전부터 현재의 인도네시아를 구성하는 섬들의 교류 과정에서 피진어로 사용되었던 인도네시아어가 식민지 정부에 의해 장려되었으며 근대적 교육의 매개로 이용되었기 때문이다. 근대식 교육을 받은 사람이 독립 운동의 중심 세력이었으며, 상이한 지역적 배경과 토착어를 쓰던 이들은 인도네시아어를 통해 교류할 수 있었다. 독립 운동의 주체였던 젊은 민족주의자들이 썼던 언어가 독립 이후 공용어의 지위를 획득한 것(김형준, 2001: 51-51)이다. 또한 인도네시아에서 가장 많은 수의 인구가 사용하고 있던 자바어가 아니라 인도네시아어가 공용어로 사용되었음을 '설명'하려는 또 다른 논리로는 자바어의 위계적 성격에 관한 논의가 있다. 명백히 차이 나는 여러 개의 말 단계(speech level)를 가지고 있던 자바어는, 근대식 교육을 통해 평등주의적 사고를 접했던 사람들에게 있어서 봉건적 신분 사회의 특징을 그대로 간직하고 있는 언어로 이해되었다. 인도네시아의 젊은 민족주의자들은 읽고 쓸 수 있는 능력을 체득한 첫 번째 세력이었기 때문에, 좀 더 평등한 자바어 문어체 전통을 새롭게 형성하기보다는, 인도네시아어를 문어체로 수용하는 방안이 이들에게 설득력 있는 대안으로 받아들여졌다.(김형준, 2001: 51)

그런데 위와 같은 요약은 인도네시아어의 발명을 그저 '공용어'의 발명으로 축소시키는 측면이 있다. 간단한 얼개만을 제시해 본다면 첫째, 바하사 인도네시아(인도네시아어)는 300여개의 종족이 600개에 가까운 토착 언어를 지닌 네덜란드령 인도네시아에서 말 그대로 〈발명〉되었다. 거의 모든 인도네시아 사람들에게 '낯선 새 언어'였던 믈라유어는 극소수의 사용자와 극히 적은 수의 어휘로만 이루어진 교역어(lingua france)였다. 말 그대로 미성숙하고 미발달 상태에 놓여 있던 새로운 언어가 가장 많은 사용자를 가지고 있던 자바어 그리고 식민지 모국의 언어였던 화란어를 압도할 수 있었던 이유는 무엇이었을까? 젊은 민족주의자들의 의식적이고 영웅적인 선택이라는 설명은 그 과정을 아직 충분히 설명해 주지 못한다. 네덜란드의 식민주의 정부는 인도네시아인들에게 화란어를 보급하고 가르치는 데 실패하였다. 학교도 교사도 지식인층도 턱없이 부족했다. 네덜란드의 인도네시아 지배는 17세기 초에 시작되었으나 내지인에 대한 네덜란드어 교육은 20세기 초까지 심각하게 고려되지 못했다. 그 대신 도서(島嶼) 간에 쓰인 혼성국제어(lingua franca)에 기초한 플라유어가 조금씩 확산되다가 20세기 초부터 폭발적으로 확산된 것이다. 19세기 중반 이후 인쇄 자본주의가 대량으로 등장했을 때 플라유어는 시장과 대중매체를 장악한다. 네덜란드어는 가르칠 수 없었던 식민 정부 하에서 인도네시아어라는 새로운 언어는 어떻게 성장하고 자라날 수 있었을까? 있던 것을 가르치는 것보다 없던 것을 창조하는 것이 쉬웠다는 이 기묘한 역사의 비밀은 무엇인가?

시겔은 바하사 인도네시아어가 '텅 빈' 언어였음을 강조한다. 그것은 극히 단순한 시장 언어 혹은 해외 교역 중 사용되던 언어였다. 이 언어는 참조할 수 있는 고전도, 사전도, 정통한 사용자도 없이 극히 얄팍한 〈최소 강령〉의 언어였다. 그 텅 빈 언어가 엄청난 열정과 에너지를 끌어 모으는 데 성공한 것이다. 믈라유어가 확산되던 시기에 젊은 지식인들은 닥치는 대로, 수 백개의 종족의 옛날 이야기, 신화, 서구의 연애소설, 탐정소설을 믈라유어로 번역했으며 많은 경우 그 번역(飜譯)은 번안(翻案)과 뚜렷이 구분되지 않았다. 믈라유어의 한정된 어휘와 표현은 수 많은 지방어, 네덜란드어를 비롯한 서구어, 아랍어의 조각들로 인해 풍부해졌다. 기원을 추적하기도 어려운 세계 각국, 인도네시아 각지에서 모아들인 어휘의 조각들이, 믈라유어의 '맥락'을 만들어낸 것이다. 젊은 지식인들에게 믈라유어로 번역하고 번안하고 쓰는 작업은 이전에는 상상할 수 없었고 알 수도 없었던 〈규칙〉과 뉘앙스들을 만들어내는 작업이었다. 통상적인 번역이 이미 존재하는 두 개 이상의 언어의 규칙 사이의 유사성이나 적합성을 더듬어 찾는 근본적으로 불가능한 작업이라면, 인도네시아에서 처음으로 근대식 교육을 받았던 젊은이들의 글쓰기는 그 자체가 맥락과 규칙을 창조하는 이상적인 작업이었다. 양쪽 언어의 뉘앙스의 차이가 번역 작업 〈이전〉에 부담감으로 존재하는 것이 아니라, 각각의 번역이 뉘앙스와 용례가 되는 이 독특함은 젊은 민족주의자들로 하여금, 토착적이든 서구적이든, 전통적이든 서구적이든 그 무엇도 아님과 동시에 모든 것이 될 수 있는 장소, 마치 〈보통의 인간이 신이 될 수 있는 장소〉를 제공한 것이다(Siegel, 1997: 13-84 참조). 시겔은 20세기 초반 이후 인도네시아어라는 형식 속에서 솟아난 이 주체를 혼성과 소통의 자리에서의 나(I of a Lingua Franca)라고 정리한다. 인도네시아어로 말하고 쓴다는 것은 그 말을 사용하기 이전의 나, 즉 인도네시아의 각종 지역어나 네덜란드어 사용자로서의 나와 그 말을 생성하는 나 사이의 구분이 일어났으며, 그 자신의 원래의 언어로 말하는 사람을 이전의 언어적 공동체 속에 완전히 가두어 버리는 상황을 만들어냈다고 설명한다(ibid 35). 아래의 구절에서 시겔이 강조하는 엿들음이란 '전통적' 세계가 아닌 '세계'와 그것들과의 예측 불가능한 만남에 의한 사건을 의미한다.

"혼성과 소통의 자리에서의 나'는, 그것을 통하여 다른 정체성 더 나아가 식민지적 권위에 저항하고 교체할 수 있었기 때문에 중요했던 것이 아니다. 인도네시아어의 사례에서 '혼성과 소통의 자리에서의 나'는 정치적 힘과 열망 자체를 지닌 주체를 옮기고 바꾸어 놓는 힘을 지닌, 낯선 엿들음(strange overhearing)이었다." (Siegel, 1997: 37)

이상의 논의를 통해, 1928년의 민족주의청년회의에 의해 작성되고 서약된 숨파 쁘무다(Sumpah Pemuda 청년서약)가 '하나의 조국 인도네시아, 하나의 민족-인도네시아 민족, 하나의 언어-인도네시아어'라는 원칙을 채택하면서 강조했던 중요한 부정(不定)을 이해할 수 있다. 첫째, 특정한 종족(성)에 기반을 두지 않겠다는 점에서 이전의 전통과의 단절하며, 둘째, 실질적으로 국민의 대다수를 포괄할 수 있었던 종교-이슬람-를 독립 이후의 국가 원리로 삼기 역시 거부하였으며, 마지막으로 독립할 당시 아직 존재하지도 않고 어떤 모양이 될지 알 수도 없었던 인도네시아인, 즉 인도네시아라는 다종족 신생국가와 각기 다른 사람들 사이의 관계와 유대는 신생 언어였던 인도네시아어의 기원과 성장 그리고 확산과 겹친다.

4. 사례 2: 포천 '독수리유격대'를 통해 본 지연된 보훈

이 장에서는 위의 논의들과의 연결선상에서 경기도 포천의 독수리 유격대의 사례를 소개하고자 한다. 베네딕트 앤더슨의 "상상의 공동체" 이후, 민족국가에서 국가공동체의 가장 대표적인 상징은 '무명용사의 비'였다. 국가가 전쟁 중에 사망한 '이름 없는' 이들의 묘비를 세운다는 것은 통상적으로 죽은 이들의 가족이 행했던 일을 하며 가족과 같은 감정을 불러일으킨다는 점에서 보훈의 중요한 예라고 할 수 있다. 반면 포천의 '독수리유격대', 군번 없는 의용군에 대한 사례는 민족국가에서 애국과 보훈의 의미를 또 다른 측면에서 극적으로 보여준다고 할 수 있다.

필자가 경기도 포천에서 조사하던 중 지역민들은 그 지역의 중요한 기념물이자 이야기로 독수리유격대를 언급했다. 1990년대 초 이후 매년 현충일마다 지역의 유지와 행정기관의 장들 그리고 군부대장들이 모두 참석하는 행사가 열린다. 마을 주민 중 유격대원의 후손들은 필자에게 '독수리 유격대' 사례를 널리 알려 달라 부탁했다. '포천의 의병', '유격대 전설' 등의 표현으로 소개되는 독수리 유격대 사례에서 가장 중요한 점은 그 활동이 오랜 시간 동안 망각되고 누명을 쓰고 있었다는 사실이다. 이 사례 안에는 서로 상반되는 특징을 보여주는 요소들이 늘어서 있다: 자발적인 조직화, 군번 없는 의용군, 도망병, 누명, 망각, 유가족의 탄원, 복권 등이 사례 안에 빽빽이 들어 있다. 해당 유격대 사례를 요약한 아래 기록을 보자.

〈국방FM〉 제99회 독수리유격대편: 2011년 9월 18일(일)

"독수리유격대 전적비의 건립 취지는 자유민주주의를 수호하려는 포천 지역의 반공애국청년 63명이 1950년 11월 포천군 신읍에서 조직되어 국군 제2사단 17연대와 합류하여 경북의 의성, 청송, 안동, 예천, 풍기 지역과 충북의 제천, 단양 지역서 인민군 제10사단과 공비들을 토벌하고 금호지구 전투에 참전하여 일신호국이라는 정신으로 혁혁한 공을 세웠고 이 중 16명이 전사하셨는데, 이 중에 5명은 도망병이라는 누명을 쓰고 총살형에 처해졌지만, 정확하게 표현하면 살해되신 것으로 군수사 당국에 의해 밝혀졌습니다. 독수리유격대는 군번 없는 민간인 신분으로 싸웠기에 군법에 적용되지 않았던 것입니다. 이렇게 독수리유격대는 100% 순수한 자생조직으로 투철한 애국정신과 구국의 신념으로 참전하였기 때문에 그 용맹함이 뛰어났고 전과 또한 컸지만 자신들의 신분이나 전공에 따르는 상훈에는 초연해 국가에서도 이를 기억하지 못하고 잊혀져 오다가, 유가족들의 집중적인 노력의 결과 1989년 국방부의 전적과 억울한 사연에 대한 사실을 확인받아 고인들의 명예를 회복하였습니다.…"

(독수리유격대기념사업회, 2012: 41-42)

국방부의 공식적인 방송에서 소개된 포천의 독수리 유격대에 대한 설명에서 다음의 사실을 확인할 수 있다. 유격대원들이 한 일과 그에 대한 의미 부여 사이에 여럿의 문턱이 존재한다. 자발적인 부대 조직, 전투에 참여, 신뢰할 수 없는 비정규군이라는 평가, 총살된 지도자, 망각과 탄원 그리고 복권에 이르기까지의 과정은 국가-국민 사이의 관계에서 양쪽을 채우는 여러 이름들이다. 독수리 유격대는 '명예회복'을 통해 맨 마지막 단계에 이르러서야 '보훈'의 사례로 변모하였다. 독수리 유격대원의 후손들은 그들의 아버지와 친척들에게 씌워졌던 누명과 유격대 간부들의 억울한 죽음을 언급했지만 최종적으로 유격대의 활동이 인정받았고 보훈의 대상이 되었다는 점을 자랑했다.

> "부대 무단 이동이라는 누명을 쓰고 총살이라는 만행을 당한 것도 억울한데, 도망병이라는 누명을 벗겨 드리기 위해서 부산에 있는 정부 문서고의 전쟁 및 군 관련 자료를 뒤지기 시작했다.…1989년 국방부 조사대가 현장 정밀조사 활동을 통해서 누명을 벗기게 되었다."(독수리유격대기념사업회, 2012: 127)

독수리 유격대 전적비는 이 지역에서 여전히 강렬한 상징이다. 그 이유는 그것이 한 세대 이상 인정받지 못하고 망각되었다가 '보훈'의 대상이 되었기 때문이다. '독수리 유격대'의 활동은 국가에 의해 공식적으로 그 공훈을 인정받지 못했다가 후손들의 진정서 제출 및 국방부 조사대에 의한 전적 확인을 거쳐 보훈의 대상이 되었다. '보훈 대상이다 / 대상이 아니다'의 판단을 가른 주요한 요인은 다음과 같다. 독수리유격대가 조직되었던 경기도 포천군 일동 지역이 6.25전쟁 이전 38선 이북 지역이었다가 전쟁 이후 남한의 영토가 되는 수복 지역이었기에 해당 지역의 주민들은 남한과 북한 사이에서 계속 첩자나 이중간첩이라는 의심을 받았다. 또한 정규군이 아니었기에 전쟁 당시의 지휘계통에 속하지 않았고 그에 따라 '무단 이탈 및 도망죄'를 적용받았다. 즉 독수리 유격대는 여러 전투에 참가하여 전공을 세웠지만 당시의 기준에서 국가의 정식 군대가 아니었고 그로 인해 그 전공이 '공훈'이 될 수 없었던 것이다. 반면 1989년의 명예회복은 정식 군대에 소속되지 않았던 이들의 활동을 의심스러운 것이 아니라 공훈으로 인정했다.

독수리 유격대의 예는 '지연된' 보훈이다. 국가를 위해 희생했지만 전쟁 당시 공식적인 군인, 즉 공인된 국민이 아니었던 이들의 행위가 보훈이 될 때, 국가와 국민(독수리유격대원) 사이의 관계에서 변모한 쪽은 국가이다. 1989년의 국가가 1951년의 국가의 오류를 인정하고 그에 대해 사과한 것이다. 자비를 들여 유격대 전적비를 세웠던 후손들이 뒤늦게 보훈 대상이 된 후에 받은 보상은 그리 크지 않았다. 독수리 유격대의 예에서 '보훈'의 의미는 법령으로 정해진 보상과 혜택이 아니라 과거의 국가의 거부했던 인정을 그 이후의 국가가 인정했다는 사실이다.

5. 결론: 애국/보훈의 지속가능성

애국, 보훈, 민주주의는 국가와 국민이 맺는 관계들이다. 위 관계들이 서로에게 영향을 주면서 국가와 국민이라는 양쪽 대상에 영향을 준다. 애국과 보훈은 국가와 국민 사이의 권리와 의무의 항목만으로 설명되지 않는다. 애국은 국민이 국가를 위해 수행해야만 하는 의무를 초과하며 보훈은 보훈대상자에게 답할 뿐만 아니라 국가를 바꾸어야 하는 의무를 그 밑바탕에 깔고 있다. 민주주의는 국가로 하여금 공훈에 보답하는 의무를 충실히 수행해야 한다는 점을 넘어 국가와 국민의 관계에서 국민이 '희생'해야만 하는 상황을 반복하지 않겠다는 약속으로 이어진다. 다시 말해 애국, 보훈, 민주주의는 고정된 내용을 확인함을 넘어서는 일종의 형식을 지닌다. 가라타니 고진은 문학과 내셔널리즘에 관계에 대해 논할 때 중요한 점은 그 내용이 아니라 형식이라고 정리한다.

> "사람들이 보통 문학과 내셔널리즘에 관하여 말할 때, 내용적으로 내셔널리즘이 드러나는 문학을 문제 삼습니다. 그것은 근대문학 자체가 네이션의 기초를 만들었다는 시점이 없었기 때문입니다. 즉 근대문학의 형식 그 자체가 내셔날리즘이라 한다면, 그 내용이 내셔널리즘인지 아닌지는 문제가 되지 않습니다." (가라타니 고진, 2005: 179)

내용이 아닌 형식으로서의 민족주의란 무엇을 지칭하는가? 형식으로서의 민족주의란 추상화되고 메타적인 성격의 모델을 의미하지 않는다. 고진의 주장은 앤더슨이 제시했던 '동질적이고 텅 빈 시간'의 부여와 유사하다. 즉 프레임이고 형식으로서의 단절 혹은 사건을 가리키는 것이지 민족주의가 진행되는 구체적 시공간 전체가 동질화되고 텅 빈 것으로 서구화 혹은 합리화됨을 의미하지는 않는다. 마찬가지로 보훈과 애국에서 형식은 국가와 국민이 주고받는 관계이지만 그 관계는 양자 간의 의무와 권리의 법적 규정에만 한정되지 않는다. 보훈과 애국은 국가-국민 관계를 '고쳐 쓰고' 보완할 수 있다는 조건 하에서 그 내용을 채워나갈 수 있다.

「국가보훈기본법」에 따르면 국가에 대한 희생이나 공헌은 네 가지로 나뉜다. "가. 일제로부터의 조국의 자주독립. 나. 국가의 수호 또는 안정보장. 다. 대한민국 자유민주주의의 발전. 라. 국민의 생명 또는 재산의 보호 등 공무수행"(「국가보훈기본법」 3조). 이찬수는 위의 범주에 따라 보훈의 범주를 '독립', '호국', '민주', 그리고 '사회공헌'으로 나눌 경우 보훈의 가치들이 서로 충돌하기도 한다는 점을 지적하였다(이찬수, 2020: 5-7). 논리적으로 볼 때 상충하는 가치들이 '보훈'의 개념 안에 있다는 점은 보훈의 내용이 고정되어 있지 않으며 사회통합과 국가공동체(국가-국민 사이의 호혜적 관계)라는 과제가 밀접한 관련을 맺고 있음을 보여준다. 더 나아가 '보훈'이 작동하는 최초의 조건들은 모순적이다. 국가와 국민이 맺는 관계에서 보훈은 바람직한 것임과 동시에 사라져야할 것이기도 하다. 국민으로 하여금 더 이상 스스로를 희생해야만 하는 상황을 끝내는 것이 보훈의 궁극적인 약속이기 때문이다. 이 때문에 보훈대상의 목록이 하나의 가치로 정리될 수 있는지의 여부보다는 국가-국민 사이의 관계가 현재의 문제를 해결하는 더 바람직한 방향으로 나아갈 수 있을지의 여부가 더 중요하다. 이 글에서 검토했던 사례들—의지미래로서의 국가, 인도네시아 민족주의 발전 과정에서 인도네시아어의 역할, 포천 독수리유격대의 지연된 보훈—은 애국, 보훈 그리고 민주주의가 ~을 위한 모델(model for)이자 ~에 대한 모델(model of)로서의 성격을 모두 지니고 있음을 보여준다. 통상 무엇인가를 위한 모델 'model for'란, 현실의 풍부함에는 이르지 못하지만 그것과 구분되는 이상적 성격을 지닌 것이라고 이해된다. 반면 무엇에 대한 모델 'model of'는 현실 자체를 모두 포섭하려는 경향 때문에 비교와 추상화에는 이르기 힘들다고 정리되어 왔다. 국가를 위한 공훈에 보답하는 보훈은 'model of'이지만 그와 동시에 보훈대상자뿐 아니라 그것을 포함하는 국가-국민 관계 자체를 바꾸기 위한 'model for'이기도 하다. 보훈과 민주주의의 관계에서 민주주의란 형식적이 아니라 실질적이어야만 한다. 이에 애국-보훈 관계의 지속가능성이란 국가와 국민이 맺는 관계가 명문화된 의무와 권리 항목으로 환원되지 않는다는 점, 즉 그 국가-국민 관계가 유지·갱신·창조를 모두 포함해야 한다는 점을 의미한다.

"공이 있는 사람들의 은혜를 알자"
: 베트남 '유공자' 보훈정책 변화의 역사

심주형_ 인천대학교 중국·화교문화연구소

1. 들어가며

베트남에서는 매년 7월 27일 '열사와 상이군인의 날(ngày thương binh liệt sĩ)'이 다가오면 전국이 들썩인다. 중앙정부와 지방정부 기관들은 유공자들과 그 가족에게 지급할 국가주석 명의의 선물과 관련 기념행사를 준비하고, 최대 규모의 청년조직인 호찌민 공산 청년단(Đoàn Thanh niên Cộng sản Hồ Chí Minh)과 학생, 공무원 등 자원봉사자들은 각 지역의 열사묘지(nghĩa trang liệt sỹ)를 보수하고 청소하며 묘비 하나하나를 금성홍기(cờ đỏ sao vàng)와 꽃으로 단장한다. 국영방송은 혁명유공자(người có công với cách mạng)들의 생애사 혹은 열사(liệt sỹ) 가족의 증언을 담은 방송을 내보내며 추모 분위기를 고조시킨다. 7월 27일 당일 저녁, 베트남 전역의 3,000여 곳이 넘는 열사묘지에 안장된 묘비 앞에 촛불이 밝혀지고, 환하게 빛을 발하는 묘지를 넘어 타

들어 가는 향불 연기와 내음이 전 국토에 스며든다.

'열사와 상이군인의 날'은 1947년 처음 제정된 이래 현재까지 지속되고 있는 국가 기념일이며, 최근 들어 관련 의례와 활동이 더욱 활발해지고 규모가 커지는 추세에 있다. 이날을 기리는 활동들은 베트남사회주의공화국의 역사적, 정치적 정통성을 재확인하는 당-국가 주도의 주요 사업이라는 의미가 있을 뿐만 아니라, 전국 각지에서 민·관·군이 함께 참여하는 국민통합의 의례이기 때문이다. 공휴일은 아니지만, 베트남 전역에서 각 기관과 단체, 주민들이 참여하고 그들의 가족이자 이웃이었던 혹은 그 이름을 알 수 없는 수많은 '혁명유공자'의 삶과 희생을 기리는, 즉 "공이 있는 사람들의 은혜를 알자"라는 '찌언(tri ân; 知恩)' 활동이 펼쳐진다.

'열사와 상이군인의 날'을 기리는 각종 찌언 활동이 활발하게 벌어질 때면 두 문장으로 대표되는 격언이 베트남인이라면 누구나 실천해야 할 당연한 삶의 도리(đạo lý)로 상기된다. 베트남의 문화적 전통에 근원을 두고 있는 것으로 간주되는 '우옹 느억 녀 응우온(uống nước nhớ nguồn)' 즉, "물을 마실 때 그 근원을 생각하라"와 "은혜를 갚고 그 뜻에 대답하라"라는 뜻의 '덴 언 답 응이어(đền ơn đáp nghĩa)'가 그것이다. 이 한 쌍의 격언은 베트남의 보훈정책의 문화-윤리적 바탕이 되고 찌언 활동의 당위성을 구성하는데, 한편에서는 윤리-도덕적 인식과 성찰을, 다른 한편에서는 실천을 강조한다.

오랜 전쟁의 역사를 지닌 베트남이 사회주의 이데올로기를 국가 정체성으로 채택하고 있다는 점을 고려하면, '보훈'을 전통문화 담론을 통해 삶의 도리로 환원하고 정언명령(定言命令)에 따른 실천의 담론으로 설명하는 것은 상당히 특징적이다. 어떤 물을 마시거나 근원을 생각할 것인지 이데올로기적인 범주로 설정해 명시하고 구체적으로 제시하지 않고, 시민권적 주체로서 국민의 현재-삶이 단순히 주어진 것이 아니라 공동체 역사의 인과론적 결과물이라는 것을 인식하며, 무수한 사람들의 노력과 희생에서 비롯된 공과 의미에 대해 실천적으로 응답할 것을 역설하는 것은 사실상 탈이념적 윤리-도덕 정치에 가까운 것이기 때문이다. 이렇게 보훈을 탈이념적으로 개념화하는 것은 자칫 그 대상과 내용에 관한 상이한 이데올로기적 가치평가를 둘러싼 논쟁에 휘말릴 가능성을 최소화하며, 삶들 사이의 인과론적 연결을 통한 '국민통합'의 당위성을 제고하는 장치적 효과를 낳는다.

1945년 9월 2일 베트남은 80여 년간 지속된 프랑스와 일본의 식민 통치를 종식하고 독립을 선언하였다. 호찌민(Hồ Chí Minh)

은 독립선언서에서 식민자들이 "애국자들을 무자비하게 살해"하고, "봉기를 피의 강으로 진압했다"라고 상기하며 식민주의의 잔혹성을 설파하고 수많은 희생자를 기렸다(Hồ Chí Minh, 2011a: 1-3). 그러나 새로운 독립국가 건설의 꿈은 그리 오래가지 못하고 위협에 직면했다. 1946년에 되돌아온 프랑스군은 베트남민주공화국을 인정하지 않고 재식민화를 위한 전쟁을 벌였고, 그에 맞선 항불항전이 8년 동안 계속되었다. 1954년 디엔비엔푸(Điện Biên Phủ) 전투에서 대승을 거두면서 호찌민이 이끄는 베트남독립동맹(1951년 이후 베트남연합전선) 세력은 '제네바 회담'을 통해 베트남 국토에서 프랑스군의 완전한 철수에 관한 합의를 끌어냈다. 마침내 완전한 독립을 목전에 두고 있는 듯했지만, 냉전 이데올로기 대립이 격화된 국제 질서는 베트남을 남북으로 분단하고 또다시 정치·군사적 갈등 상황으로 내몰고 말았다. 베트남 분단 이후 20여 년 동안, 이른바 '베트남전쟁(베트남에서는 '항미구국항쟁')'이 벌어져 수백만에 달하는 희생자가 발생하였고 전 국토가 황폐해지고 말았다. 1975년 4월 30일, 남베트남(공식 명칭은 베트남 공화국)이 항복하여 종전을 맞이했으나, 1978년 캄보디아 폴포트(Pol Pot)가 이끄는 크메르루주(Khmer Rouge)와의 전쟁 그리고 1979년 북부 국경 지역에서의 중국과의 또 다른 전쟁은 다시금 베트남인들의 삶에 전쟁의 그늘을 드리웠다. 베트남인들의 국가 건설 및 발전의 역사와 더 나은 삶을 향한 희망의 서사에는 끝없는 정치적 위기와 혹독한 생존을 위협하는 도전들이 중첩되어 있다.

오늘날 "동남아시아의 떠오르는 별"(The Diplomatic Affairs, 2020년 3월 21일)로까지 일컬어지는 베트남 사회는 이처럼 식민주의와 제국주의, 냉전 시대를 거치며 한 세기 넘게 이어진 전쟁 그리고 수많은 사람의 삶의 희생에 기초하고 있다. 베트남 당-국가는 독립 선언과 정부 수립 직후부터 보훈정책에 관심을 가지고 나름의 노력을 지속해 왔으며, 80년대 후반 개혁개방 정책인 도이머이(Đổi Mới) 노선을 채택한 이후에는 민·관·군이 함께하는 '찌언 활동'을 더욱 활발하게 펼쳐 왔다.

이 글에서는 베트남의 보훈정책, 특히 "혁명유공자 우대정책"의 형성과 변화의 역사를 추적해 봄으로써 장기간의 전쟁과 정치 환경의 급격한 변화 속에서 형성되어 온 '보훈'의 의미와 찌언 활동의 전개 양상을 이해해 보고자 한다. 이러한 시도는 탈식민과 혁명, 그리고 사회주의 국가 건설이라는 역사-정치적 맥락의 정통성을 보훈정책을 통해 통합적으로 구성해 가고자 하는 베트남 사회를 이해하고, 당-국가와 인민 간의 호혜적 관계에 대한 상상을 불러일으키는 윤리-도덕적 인식과 실천의 근거로서 보훈의 의미에 관해 생각해 보는 기회를 제공할 것이다.

2. 베트남 보훈정책의 역사적 형성과 변화

베트남의 보훈정책을 담당하고 있는 정부 기관은 노동보훈사회부(Bộ Lao động-Thương binh và Xã hội)이다. 1986년 12월에 개최된 베트남 공산당 제6차 당대회에서 도이머이 노선이 채택되고 이듬해인 1987년 정부 조직이 대폭 개편되어, 노동부와 보훈사회부가 하나로 통합된 것이 오늘에 이른다. 노동, 보훈, 그리고 사회문제에 관한 정책을 다루는 기관이 하나가 된 것은 단순히 정부 조직의 효율성을 높이고자 하는 시도를 넘어, 1945년 이른바 '8월 혁명' 이후 베트남 정부 조직의 구성과 변화 과정에서 '사회주의적 지향과 특성'을 강하게 드러내 왔던 정책 영역과 기관의 통합이 이루어졌다는 점에서 그 의미에 주목할 필요가 있다. 또한, 오랫동안 혁명과 전쟁의 역사를 거쳐 온 베트남에서 보훈정책은 사회적 '후유증'을 치유하고 일상성을 회복하는 문제 그리고 국가 발전과 직결된, 즉 노동 및 사회문제와 연관되어 있었다는 점에서 그 정치·사회적 맥락과 역할을 추적해 볼 수 있을 것이다. 혁명유공자들에 대한 보훈정책의 역사적 변천은 사실상 베트남이라는 국가체의 정치·사회적 변화의 궤적과 맞물려 있기 때문이다.

1) 보훈정책의 태동과 "상이군인의 날" 제정: 1945년~1954년

8월 혁명의 성공 이후 임시정부를 구성하던 호찌민은 빈곤 구제를 절체절명의 긴급한 과제로 뽑았다(Duiker, 2000:263). 베트남 북부에서 발생한 이른바 을유년 기근(Nạn đói năm Ất Dậu) 사태는 사망자가 2백여만 명에 이르는 것으로 추산될 정도로 심각한 피해를 낳았다. 호찌민은 임시정부 조직으로 구제부(Bộ Cứu tế)를 설치할 것을 결정하고, 당대 베트남에서 명성이 높았던 지식인인 응우옌 반 또(Nguyễn Văn Tố)를 사회주의자가 아니었음에도 파격적으로 장관에 임명하여 적극적으로 대민사업을 통한 빈곤 해결을 시도하였다(Dân trí, 2020.8.27). 이 시기 구제부의 활동은 전쟁으로 인한 신체적 장애로 생계에 어려움을 겪고 있는 사람들을 특별히 빈곤 구제 대상으로 포함했다는 점에서 정부가 공식적으로 추진한 보훈 사업의 출발점으로 간주될 수 있을 것이다.

1946년 12월 베트남을 재식민지화하려는 프랑스군에 맞서 전쟁이 발발하자 전력에서 절대적인 열세에 있었던 베트남독립동맹 세력은 험준한 산악 지역을 기반으로 게릴라전을 펼쳤고 그 과정에서 인명 피해가 기하급수적으로 늘어났다. 호찌민은 "부상병들에게 보낸 편지"(1947년 1월 8일)에서 그들의 희생과 용맹함을 치하하며, "조국은 결코 잊지 않을 것"이라고 썼다(Hồ Chí Minh, 2011b: 16). 그리고 이것이 단지 말뿐이 아니라는 사실을 증명하려는 듯, 곧바로 "장애에 대한 연금과 전사자에 대한 보상제도"에 관한 명령을 공포하였다(Sắc lệnh số 20/SL, 1947.2.16). 이 규정은 베트남 역사상 최초의 보훈정책 법제화라는 의의가 있다. 구체적으로 명령 제6조에 실종자들에게도 전사자에 준하는 보상을 제공할 것임을 밝히고, 제12조에는 당시의 전황(戰況)을 고려하여 작전 중 희생한 정규군인이 아닌 민간인도 보상 대상으로 일시적으로 포함한다는 특별 규정을 명시하여 보훈 대상의 범위를 전향적으로 확대했다는 점에 특별히 주목해 볼 수 있다. 그 누구도 승전을 예상하기 힘들었던 전쟁 상황에서 결사 항전을 독려하는 정치구호를 넘어 국가를 위한 희생에는 반드시 응분의 보상이 있을 것임을 확증하는 보훈제도의 공포는 식민지

시기 벌어진 제1차 세계대전 기간 중 10만 명 가까이 동원되었던 베트남인들의 희생(Gunn, 2014: 63-84)이 프랑스로부터 무시되었던 역사를 상기시키고, 다시금 프랑스군에 협조하며 전쟁에 나선 이들과 '항불항전'에 나서 희생한 이들 사이의 정치적 위상의 차이를 드러낸 것이기도 했다.

호찌민은 희생자들에게 단순히 경제적 보상을 제공하는 제도를 마련하는 데 그치지 않고 한 걸음 더 나아갔다. 같은 해 6월 상이군인들을 소중히 여기고 고마움을 표하는 날을 정부 내 논의를 통해 정할 것을 지시했고, 그에 따라 7월 27일이 "상이군인의 날(Ngày Thương binh; 현재의 '열사와 상이군인의 날(Ngày Thương binh Liệt sĩ)'이며 한국의 현충일과 같은 의미를 지닌 기념일)"로 결정되었다(Hồ Chí Minh, 2011b:204). 첫 번째 상이군인의 날을 맞아 호찌민은 "전국 상이군인의 날 조직위원회의 상임위"에 자신의 생각과 제안을 담은 편지를 보냈다(Hồ Chí Minh, 2011b). 이 편지에서 호찌민은 "상이군인들은 가족을 희생하고, 동포와 조국을 방어하기 위해 피와 뼈를 바친 사람들"이기 때문에 "조국과 동포들은 그 영용(英勇)한 이들을 반드시 돕고 고마움을 표해야 한다."라고 강조했다. 또한, 기념일을 위한 구체적 실천 사항으로 첫째, 기념일에 노약자를 제외하고 모두 한 끼 금식을 실천하고,

둘째, 의미 있고 자발적이어야 하므로 강요하지는 않아야 하고, 셋째, 행사 결과를 전국 각 지역에서 사실대로 보고하고 상임위원회는 성과에 대해 치하를 할 것이며, 넷째, 특별히 여성, 청년 그리고 어린이 단체들이 상이군인의 날에 관한 선전, 설명 그리고 봉사 활동에 노력할 것을 제안하였다. 이 네 가지 제안에 덧붙여 그는 상이군인의 날을 맞이하여 자신이 선물 받은 비단옷과 한 달 월급, 자신과 주석관저에서 일하는 사람들의 한 끼 금식분에 해당하는 돈을 기부하겠다고 공표하기도 하였다. 기록에 따르면, 이 호찌민의 편지는 당시 이른바 안전구(An toàn khu)였던 북부 산간 타이응우옌(Thái Nguyên)성에서 2천여 명의 사람들이 모여 개최한 첫 상이군인의 날 집회에서 낭독되었다(Đầu tư, 2021.7.2). 이러한 호찌민의 기념일 제정과 보훈 활동에 대한 관점과 태도는 오늘날까지 이어져 이른바 "뗀 언 답 응이어 운동"으로 불리는 찌언 활동의 '정신'이자 베트남의 보훈정책의 기조가 되고 있다. 당시 전황이 극도로 암울하고 곳곳에서 추격해 오는 프랑스군에 맞서기도 버거웠던 상황이었음에도, 정치 지도자로서 호찌민은 민족과 국가를 위한 수많은 희생에 대해 금식 실천을 통해 공감하고, 보훈 활동에서 무엇보다 개개인의 자발성이 중요하다는 점을 강조하였으며, 교육과 상호부조 등의 활동을 제안하여 통합을 이루고 애국심을 고취하였다.

　상이군인의 날의 제정은 곧바로 정부 내 '상이군인과 참전군인부(Bộ Thương binh-Cứu binh)'의 설립으로 이어졌다. 새 부서는 상이군인과 전사자 유가족을 위로하는 단체를 창립하고, 상이군인과 병든 군인의 치료를 위한 요양소, 훈련소, 자활원을 설치해 운영하였다. 전쟁을 치르는 국가들에서 국방부가 참전군인 관련 업무 대부분을 담당하는 형태가 일반적이라고 한다면, 베트남에서는 초기부터 행정부 내의 독자적인 행정기관으로 보훈정책 담당 기관의 역사가 시작되었다는 점은 특기할 만하다. 이러한 상황은 1차적으로 독립과 정부 수립 직후 곧바로 전쟁에 휘말리고 정부 조직 운영이 비상 상태에서 이루어졌다는 현실적 상황에 기인한 것으로 평가할 수 있다. 그럼에도 불구하고 외세와 맞서 싸우는 전쟁 중에 단순히 승전과 전쟁영웅에 대한 포상 중심의 보훈정책만이 아니라 희생자와 대민 피해에 대한 정책적 지원과 더불어 국민적 관심을 높이고 각 개인의 실천을 북돋웠다는 사실에 주목할 필요가 있다.

2) 전장과 묘역의 성역화, 사회주의화 그리고 전쟁 조사위원회
   : 1955~1975년

이 시기는 1954년 제네바 회담을 통해 전쟁이 끝나고 평화가
찾아왔으나 분단 체제가 공고화되기 시작했던 1964년까지의 시
기와, 1965년 이후 미국과 한국 등 외국군의 참전으로 베트남전
쟁이 전면화되었던 두 시기로 크게 구분할 수도 있다. 그러나
'두 개의 베트남'이라는 분단 체제의 현실에서 이른바 '남부 문제'
가 가장 중요한 정치 의제가 되는 동안, 북베트남 지역에서 사회
주의 정책이 확장되면서 본격적인 체제 경쟁이 시작되며 '해방'
과 '통일'을 목표로 하는 전쟁이 베트남 전역에서 벌어지는 정치
적 예외 상황을 인과적으로 나누어 사고하기는 어렵다. 따라서
여기서는 분단 체제 상황이 지속된 기간을 한 시기로 바라보고
접근해 보고자 한다.

'항불항전' 혹은 '제1차 인도차이나 전쟁'으로 불리는 8년여의
전쟁은 수십만 명의 인명 피해를 낳았다. 베트남민주공화국(북베
트남)은 제네바 회담을 통해 북위 17 도선을 기준으로 북부 지역
에 대한 통치권을 보장받았지만, 분단과 남북 간 한시적인 자유
이주가 결정됨에 따라 80만에서 100만 명에 이르는 북베트남인

들이 남부로 이주하는 상황에 직면하였다(심주형, 2020: 163-194). 예상치 못했던 불안정한 정치 상황이 전개되는 가운데 북베트남은 전쟁의 피해를 복구하고, 전사자들과 다치거나 병을 얻어 귀향한 이들에 대한 보훈정책을 시급히 추진해야만 했다. 이러한 상황에서, '상이군인과 참전군인부'는 노동부 그리고 1955년 재설치된 구제부와 함께 전쟁 피해와 후유증을 극복하고 일상을 회복하는 주요한 사업으로서 보훈 사업을 전개해 나갔다.

제네바 협정에 따라 1956년 치르기로 했던 총선거가 끝내 무산된 이후 공고화된 베트남 분단 체제는 보훈정책과 관련하여 새로운 문제를 낳았다. 분단 체제를 인정하지 않고 정치적 정통성을 주장하는 북베트남이 현실적으로 정치적 영향력이 제한된 베트남 남부 지역에서 항불항전을 펼치다 희생하거나 장애 혹은 질병을 얻은 이들에 대한 보훈정책을 어떻게 펼칠 것인가 하는 문제였다. 사실상 북부 지역에만 제한적으로 보훈정책을 추진하는 것이 불가피하게 되었다. 분단 상황에서 북베트남이 주도했던 디엔비엔푸 전투에서의 대승이 프랑스와 철군 합의를 성사시키고 베트남의 독립을 지켜낸 결정적 사건이라는 영웅적 서사가 한층 강화되면서 북베트남 희생자들과 참전군인들에 관한 영웅담들이 역사적 '정통성'에 관한 정치 선전의 주요한 소재가 되었다. 분단 체제 경쟁 속에서 보훈 사업의 정치화가 본격화된 것이었다.

'전쟁의 기억'을 국가가 관리하기 위한 구체적인 정책들도 추진되었다. 먼저, 상이군인의 날은 1955년부터 전사자와 희생자들을 포괄하는 '상이군인과 열사의 날'로 그 명칭이 변경되었다. 또한, 디엔비엔푸 전투 등 '항불항쟁' 기간 중 벌어진 대규모 전투의 희생자들을 한곳에 안치하는 열사묘역이 전투지역에 조성되었다. 오늘날 국가급 열사묘역으로 대표되는 디엔비엔푸의 'A1 열사묘역(1958년 건설)', '독립 열사묘역(1957~1958년 건설)', '힘람(Him Lam) 열사묘역(1957-1960 건설)' 등이 전후에 곧바로 설계되어 건설된 묘역들이다(Điện Biên TV, 2017.7.10). 이 묘역들에는 현재까지도 '무명열사'로 남은 채 안장된 이들이 상당하다는 사실을 고려하면, 당시 희생자의 신원 및 유족 확인보다는 묘역조성을 통한 '전장의 성역화'가 우선순위에 있었고 매우 급속하게 추진되었다는 것을 추정해 볼 수 있다. 이와 같은 전쟁 역사 성역화 사업은 상이군인과 참전군인 등 '살아있는 유공자'에 초점이 맞춰졌던 보훈정책이 '희생'과 '죽음'에 대한 관리와 통제로까지 확장되기 시작했음을 의미하는 것이었다. 즉, 죽음으로써 묘역에 안장되어 '열사'의 지위가 확증된 희생자들은 국가적인 기록이 되고, 공식적인 기억과 추모사업의 대상이 되며 그에 따라 현실 정치에 끊임없이 소환되는 자원이 되었다.

　베트남의 분단 상황은 냉전적 체제 경쟁이 본격화하는 것을 의미했다. "변화된 정치 상황"에 맞춰 북베트남은 1959년 헌법 개정을 통해 국가 정치이념과 노선을 천명하였다. 개정된 헌법 전문(Hiến pháp Nước Việt Nam Dân chủ Cộng hòa 1959)에는 베트남민주공화국이 "베트남 혁명을 새로운 시대로 나아가게 한 인도차이나 공산당"의 역사에 바탕을 두고 있으며, "8월 혁명", "미국의 지원을 받은 프랑스에 대한 항전", "디엔비엔푸에서의 승리"를 통해 평화와 독립을 달성했음을 밝히고 있다. 그리고 "완전히 해방된" 북베트남 지역에서 "사회주의로 나아가며 국가의 평화적 통일을 위해 계속해 투쟁해 나갈 것"임을 천명하였다(Goscha, 2016: 305-309 참조). 요약하면, 당면한 정치적 과제로 북베트남의 사회주의화 추진을 선언하고 북베트남 주도로 남베트남을 통일하겠다는 계획을 공식화한 것이었다.

　이러한 전시(戰時) 사회주의 체제는 보훈 업무를 담당하던 정부 조직에도 큰 변화를 가져왔다. 상이군인과 참전군인부는 해소되어 신설된 내무부(Bộ Nội vụ)로 그 업무가 이양되었고 구제부의 업무는 노동부가 담당하게 되었다. 내무부는 사실상 당-

국가의 모든 정책과 사업을 관할하는 통합 부서로서 기능하기 시작했고 사회주의화를 추진하는 주력 부서이자 남베트남 관련 업무까지 포괄하는 행정기관으로서 위상을 지니게 되었다. 또한, 임박한 전쟁에 대비해 북베트남 지역의 공민과 국토에 대한 전일적 통치 기구로 기능하였다. 그러나 1965년 미국을 위시한 한국 등 외국 군대가 남베트남에 파병되면서 전쟁이 전면화되자 다시금 상이군인 지원 관련 업무의 중요성이 증대되었고, 상이군인과 참전군인부는 다시 내무부 내 독립된 국으로 편재되어 보훈 업무를 담당하기 시작했다.

베트남전쟁이 전면전으로 전화되던 1966년에는 '베트남에서 미 제국의 죄악에 관한 조사위원회(Ủy ban Điều tra tội ác chiến tranh của đề quốc Mỹ ở Việt Nam)'가 새롭게 설치되었다(Nghị định số 136-CP, 1966.7.22). 이 조사위원회의 활동은 미군에 대항하여 심리전을 펼치기 위한 정치적 목적을 띠고 있었던 것이 분명하다. 그러나 위원회의 활동은 향후 베트남 보훈정책에 큰 영향을 주었다. 조사위원회는 북베트남과 남베트남을 포괄해 마을 단위까지 전 국토에서 벌어지는 전투 및 군사 작전 상황을 조사하였으며, 또한 다양한 대상-특히 비전투 민간인들의 피해에 관한 자료를 수집하고 평가하는 작업을 통해 '전쟁 아카이브(archive)'

를 체계화하였다. 이에 따라, '피해'와 '공적'에 대한 국가의 공식 아카이브가 구축되었다. 이 아카이브 구축 작업은 한편에서는 '증명할 능력이 없는' 개인과 집단에 대한 국가적 인증과 등록 체계를 정비하는 것이었고, 동시에 당-국가가 개인의 경험과 기억에 대한 공적 인증권을 독점할 수 있는 주요한 자원과 근거를 마련하는 것이었다. 다시 말해, 조사위원회 활동은 국가권력의 기반을 형성하며 보훈 사업의 대상과 영역을 체계화하는 정책적 전환점을 만들어 낸 계기였다.

3) 제대군인 지원 정책과 혁명적 영웅주의: 1975~1986년

1975년 4월 30일 마침내 전쟁이 끝났다. '남부 해방'과 '통일'을 이루어 냈다는 기쁨이 베트남 전국에서 터져나오는 듯했지만, 전쟁은 최대 추산 4백만 명의 사람들의 목숨을 빼앗고 무수히 많은 사람의 삶과 터전에 되돌릴 수 없는 깊은 상흔을 남겼다. 항불항쟁의 승전 이후 전쟁 피해 복구와 후유증 치유 사업에 대한 정치적 경험이 있던 베트남 당-국가는 신속하게 정부 조직을 재정비하고 보훈정책들을 입안해 갔다. 종전 두 달 뒤에 개회한 국회는 기존 내무부가 담당해 오던 업무를 독자적으로 수행할 '보훈-사회부(Bộ Thương binh-Xã hội)*의 설치를 결정하였다. 이 결정은 종전 후 한꺼번에 제대해 군대를 떠나게 된 참전군인과 상이군인들의 상당수가 전투 경험만 있을 뿐, 사실상 일상생활로 돌아가 생계를 유지할 능력이 부족한 상태에 있었기 때문에 이들에 대한 교육과 사회적응 프로그램이 시급하게 요구되는 상황에 대한 대응책이었다. 베트남사회주의공화국이 공식 출범한 1976년부터는, 전국적으로 제대군인을 각 지역과 업종에서 일할수 있도록 돕는 직업기술교육과 생산 참여 지원정책 마련이 매우 긴급한 의제가 되었다. 전후복구 사업과 사회주의 건설을 본격적으로 추진하기 위해서는 지식·기술 그리고 숙련도 등을 지닌 노동력 확보가 절실히 요구되는 상황이었다. 전장으로 향했던 수많은 청년이 일상으로 복귀하는 상황에서 장기간 생존을 위협당하며 전 사회적으로 누적된 '전쟁 피로도'를 극복하고 사회 발전 동력을 새롭게 구성해야 하는 난제의 해결을 위해, 보훈정책과 사회문제를 통합된 하나의 정책적 과제로 설정하는 것도

---

* 베트남어 Thương binh은 상이군인을 의미하나 사회부와 결합해 보훈의 의미가 강해졌고, 훗날 노동부와 통합되어 오늘날 노동보훈사회부로 이어진다는 점에서 이후에는 상이군인을 직접 의미하지 않는 경우 보훈으로 번역한다.

필요했다.

한편, 당-국가가 종전 직후 전격적으로 추진한 보훈 사업 중 하나는 대규모 열사묘역을 건설하는 것이었다. 당-국가는 베트남 분단의 기준선이자 상징이었던 북위 17도선이 관통하며 1954년 제네바 협정에 따라 설치된 비무장지대였지만 전쟁 발발 후 가장 치열한 전투가 벌어졌던 꾸앙찌(Quảng trị)성에 "쯔엉선(Trường Sơn) 열사묘지"(Nghĩa trang liệt sỹ Quốc gia Trường Sơn 웹사이트)를 건설하였다. 2년여에 걸친 공사 끝에 1977년 완공된 쯔엉선 열사묘지는 오늘날 베트남 최대 규모의 국가급 열사묘지이다. 10,000여 기의 희생자의 무덤이 출신 지역별로 각각 10개의 구역으로 구분되어 묘역이 조성되어 있는데, 전쟁에 참전했던 북베트남 전 지역 출신의 희생자들이 함께 모여 있는 묘지 경관을 형성하고 있다. '쯔엉선'이라는 지명은 전쟁 중 이른바 '호찌민 트레일(The Ho Chi Minh Trail; 베트남어로는 드엉 쯔엉선 Đường Trường sơn)'로 알려졌던 북베트남과 남베트남을 잇는 보급로가 구축되어 있던 쯔엉선 산맥과 호찌민을 상기시킨다. 즉, 묘지의 위치와 이름 모두가 전쟁의 상징이었다. 그러나 전쟁 중 북베트남 정규군의 희생이 막대했던 것이 사실이라고 해도, 쯔엉선 열사묘지가 북베트남 '열사'들의 희생이 중심이 되는 기억의 장소가 될 수 있다는 것은 문제적이다. '통일' 전쟁이라는 전쟁의 명분과 "베트남인들 모두의 전승"이라는 정치적 선언과도 어긋남이 있었다.

당연하게도 전쟁 기간 남베트남 지역에는 남베트남 정부에 의해 조성된 군인묘지가 있었다. 대표적으로 16,000여 명의 남베트남군 희생자들의 무덤이 있었던 빙즈엉(Bình Dương)성에 소재한 빙안인민묘지(Nghĩa trang Nhân dân Bình An)를 들 수 있다. 그러나 종전과 동시에 이 묘지는 '적군묘지'가 되었고, 전후 30여 년이 넘게 외부인의 출입이 특별 관리되는 장소가 되었다(Grossheim, 2021). 이처럼 종전 당시 남부 지역에는 북부 지역과는 달리 사실상 베트남사회주의공화국의 역사-이념에 부합하는 '열사묘지'는 부재했다. 이러한 상황은 통일된 베트남에서 '전쟁 기억 경관의 불균등성'을 낳게 되었고, 더 나아가 '통일' 베트남에 정치적 불안정을 조장할 수도 있었다. 종전 후 남베트남의 수도였던 사이곤(Sài Gòn)의 이름을 호찌민으로 바꾼 후 새롭게 구성된 시인민위원회는 독자적으로 1977년 호찌민시 열사묘지 건설을 결정하고 추진하였다. 과거 남베트남에 속했던 지역에서 북베트남 지역과의 동질적인 전쟁 기억과 보훈 경관을 형성하기 위해 경쟁적으로 열사묘역과 여러 기념물 조성 사업이 곳곳에서 활발하게 펼쳐지게 되었다.

전후복구 사업과 사회주의화 과정에서 여러 사회문제가 한꺼번에 터져나오는 상황들로 정치·경제적 어려움을 겪고 있던 베트남에서 1978년 말 설상가상으로 남부 지역에 면한 캄보디아와의 사이에 전쟁이 벌어지고, 곧이어 북부 국경 지역에서도 중국과의 전쟁이 발발하게 되었다. 전쟁이 연달아 발발하자 베트남은 특히 중국의 '침공'에 대항하기 위해 과거 미국에 대한 대응방식과 유사하게, "침략전쟁의 죄악에 관한 조사위원회"를 설치해 북부 국경 지역에서 행해진 중국에 의한 전쟁 피해 관련 자료들을 조사하고 수집했다. 그러나 베트남전쟁의 경우와는 달리 중국의 '침공'과 관련된 자료들은 당-국가가 독점적으로 관리하게 되면서, 1991년 중국과 외교 관계 정상화가 이루어진 이후에는 오히려 과거 피해 사실을 비공식화하고 희생자와 참전군인들에 대한 보훈 사업도 상대적으로 방기하는 도구와 자원으로 활용되고 말았다. 대외관계와 정치적 상황의 변화, 그리고 당-국가의 독점적 권력이 보훈정책에 반영되고 직접적인 영향을 끼치게 된 것이었다.

70년대 후반에 벌어진 전쟁이 80년대 후반까지 이어지며, 상이군인들과 제대군인들은 전쟁터에서 일상으로 되돌아가 안도

감과 평화를 느껴볼 새도 없이 전쟁의 포성에 다시 휩싸였고, 또 다시 수많은 젊은이가 전장으로 내몰리고 전사자와 희생자들이 발생했다. 그와 동시에 베트남의 사회주의 국가 발전 청사진도 심각한 국내외적 난관에 가로막히고 말았다. 아무도 쉽사리 예상하지 못했던 이른바 "사회주의 형제들 간의 전쟁"(Chanda, 1988)이 실제로 벌어진 직후 공표된 베트남의 새로운 헌법에 '사회주의 국가'이자 '민족-국가'로서 베트남의 국가 정체성이 매우 강력하게 드러나 있는 것도 사회주의적 국제주의의 균열 상황을 반영한 것으로 볼 수 있다.

구(舊) 소련의 1977년 헌법을 기초로 한 것으로 알려진 베트남의 새 헌법(Hiến pháp Cộng hòa Xã hội Chủ nghĩa Việt Nam 1980)에 사회주의와 더불어 강조된 민족주의적 이데올로기는 '혁명적 영웅주의'였다. 무엇보다 헌법 제74조에 상이군인과 열사 그 가족에 대한 지원과 우대정책을 최초로 명시하여 보훈 사업이 베트남사회주의공화국의 의무임을 명시하였다. 또한, 헌법 전문에 남부해방과 조국 방어의 모든 역사가 인민의 혁명적 영웅주의와 애국주의를 통해 가능했던 것이며, 이러한 이념을 체화하고 실천하는 것이 인민의 의무임을 강조하였다. 새로운 헌법 정신은 어려움을 딛고 이겨내며 불굴의 저항정신을 지닌 영웅들에 관한 전형적인 서사를 통해 정치적으로 확산되었고, 전국적으로 건설된 열사묘역과 기념비들은 혁명적 영웅들에 관한 기억의 장소이자 헌법 정신이 물화된 공간이 되었다. 그에 따라 현실적인 어려움을 겪고 고통을 감내하며 살아가는 수많은 전쟁 피해자들의 삶이 열사들의 희생 서사에 가려지기 시작했다. 즉, 기억과 망각의 실천이라는 이중성을 지닌 이른바 '기억 사업(memory work)' (Litzinger, 1998)이 보훈정책의 핵심 내용을 구성하게 된 것이다. 사실상 1980년대 중반까지 베트남 사회를 아우르던 정치이념과 인민의 현실적 삶 사이의 괴리는, 혁명적 영웅주의를 개인과 민족의 삶의 전형이자 규율로 제시하려 했던 여러 정치적 시도들의 실패와 무관하지 않았다. 결국 당-국가가 독점적으로 관리하는 보훈정책들과 제도화의 과정에서 '소외된' 이들을 둘러싼 갈등들이 촉발되기 시작했고, "혁명의 공"에 대한 민주주의적 관점들과의 대립도 표면화되기 시작했다. 이데올로기에 의해 전유된 혁명적 영웅주의가 오히려 국민통합을 저해하고 사회적 갈등의 원인이 되는 상황을 초래한 것이었다.

4) '도이머이' 그리고 추모 열병: 1986년 이후

국내외의 정치 상황 변화로 인해 베트남에서 사회주의 정책추진의 위기가 격화되고 있던 1986년 말 개최된 제6차 당대회에서는 기존의 정치 노선을 수정하고 개혁개방을 통해 사회주의 지향 시장경제로 전환할 것을 천명하는 '도이머이' 정책이 채택되었다. 이러한 변화는 냉전 시대 이념적 대립 질서하에서 분단과 전쟁을 경험하고 사회적 집단성과 경직성이 강화되어 오던 베트남 사회를 이전에 비해 상대적으로 이완시켰다. '사회주의 지향'을 여전히 천명하고는 있었지만, 죄악시하던 자본주의적 시장경제의 도입은 당-국가의 기존 노선과 정책실패를 인정하는 것이었다. 또한, 이러한 경제적 변화는 정치적인 측면에서 당-국가에 집중되었던 권력과 집단화되었던 사회 조직들의 해체와 더불어 진행되었다. 당-국가 노선의 선회는 과학적 사회주의 발전의 단계로 제시했던 국가 발전 비전에 관한 대중적 회의(懷疑)를 증폭시켰고, 그러한 현실을 초래한 과거사에 대한 다양한 관점을 촉발하였다. 특히, 당-국가 그리고 민족을 위한 희생이라는 이데올로기적 서사가 전유했던 혁명적 영웅주의의 세속화가 급속히 진행되었다. 통일과 남부 해방 이후 사회주의적 성취로 선전

됐던 '혁명'의 역사에 대한 비판적 인식이 대중들 사이에 증대됐고, 연이은 사회주의 국가들의 해체 소식과 시장경제의 미래에 대한 불확정성과 탈냉전 질서는 역사적 희생의 가치를 둘러싼 논쟁마저 불러일으켰다.

도이머이 이후 확대된 민간 영역은 그러한 논쟁의 장이자 당-국가로부터의 탈중심화가 실천되는 장이 되었다. 당-국가가 독점해 오던 기념 의례와 영웅주의적 서사들과는 다른 민간 의례와 기억 서사들이 등장하였다. 열사와 상이군인의 날에 치르는 공식적인 추모 의식을 제외하고, 희생자 가족들의 사적인 제사는 전쟁 기간의 경제적 궁핍 상황과 당-국가의 공식적 규제에 따라 오랫동안 그 규모가 통제되어 왔으나(Malarney, 2001) 사회적 분위기가 이완되면서 전통 형식을 복원하고 친지와 지역주민이 함께하는 중요한 민간 의례가 되었다. 오랫동안 사회주의에 반하는 금기로 분류되었던 전통 민간신앙이 '열사'들을 기리는 의례에도 전유되었다. 예를 들어, '렌동(lên đồng)'과 같은 의례와 '죽은 자의 죄를 사하는 날(Ngày xá tội vong nhân)' 혹은 불교적 전통인 '부란(Vu Lan)' 등 사자(死者)의 영혼을 달래고 기리는 의식들이 되살아났다(심주형, 2017). 전쟁과 사회주의화 정책 추진 과정에서 방치되거나 정치적인 집회 장소로 전용되었던 마을회관과 사당들도 주민들과 전쟁 희생자 가족들에 의해 개보수되어 공동체의 추모 의례 공간으로 거듭나게 되었다. 이러한 민간 추모 열병이 확산되는 한편에서, 바오닝(Bảo Ninh)과 같은 참전군인들은 당-국가의 영웅주의적 전쟁과 희생 서사와는 다른 전쟁 기억 서사들을 공개적으로 출간하여(Bảo Ninh, 1995) 희생과 열사의 의미를 개인적 삶과 경험의 차원에서 재해석하기 시작했다. 결국, 도이머이와 더불어 확대된 민간 의례와 담론의 공간들에서는 당-국가 혹은 민족에 대한 '공헌(công hiến)'의 의미와 가치에 대한 재해석이 경합하고, 죽은 자인 열사에 대한 기억과 상처 입은 삶을 살아가는 생존자들의 현실이 일상적으로 조우하는 상황이 펼쳐졌다.

도이머이 정책 추진과 더불어 전개된 전 지구적 냉전체제 붕괴는 역설적으로 베트남 사회에 이데올로기적 반목과 군사적 충돌에 관한 기억을 넘어, 영속적인 평화체제에 대한 감각을 불러일으켰다. 그러나 당-국가로부터 탈중심화되고 민간 영역의 자율성이 확대되는 한편에서, 탈냉전적 국제질서로 편입해 가는 과정은 이데올로기적인 국가 정체성과 사회통합의 미래에 관한 도전적 문제들과 마주하는 것이기도 했다. 무엇보다 베트남처럼 오랫동안 전쟁과 혁명으로 인한 역사적 질곡을 겪고, 분단 체제

속에서 민족과 국민 상호 간 폭력과 트라우마를 경험해 왔을 뿐만 아니라, 다수 국가의 군대에 맞서 자국 영토에서 전투를 치른 기억은 변화에 대한 정치적 부담감과 두려움을 낳기 충분했다.

정치적 변화의 한가운데서 개정된 1992년 헌법(Hiến pháp Nước Cộng hòa Xã hội Chủ nghĩa Việt Nam 1992)은 마르크스-레닌주의를 국가 이데올로기로 명시하고 있는 전문에 호찌민 사상을 추가하였다. 보훈과 관련한 규정을 담고 있는 제67조는 작지만 아주 큰 관점의 변화를 보여주는데, 이전 헌법에 명시됐던 "혁명에 공이 있는"이라는 부분이 "국가에 공이 있는"이라는 표현으로 수정된 것이다. 물론 오늘날까지도 베트남의 유공자 관련법은 '혁명유공자'를 대상으로 하고 있음을 명시하고 있으나, '도이머이' 이후의 헌법(2013년 개정 헌법에서도 동일한 관점이 유지되고 있다. 가장 최근에 개정된 헌법인 Hiến pháp Nước Cộng hòa Xã hội Chủ nghĩa Việt Nam 2013 참조)에서 '국가유공자'라는 좀 더 광범위한 규정을 채택하고 있는 것은 한편에서는 전후 및 혁명 이후 세대에 대한 애국심 고취라는 측면이 있으며, 다른 한편에서는 베트남의 보훈정책이 본격적으로 민족-국가 체제의 관점으로 전화(轉化)하기 시작했다는 것을 의미한다고 볼 수 있다.

이러한 전화 과정을 대변하는 대표적인 정책 중 하나가, 1994

년 제정된 이른바 '영웅적인 베트남 어머니' 명예 칭호에 관한 법령(Số 36-L/CTN, 1994.9.10)이다. 이 법령은 혁명 유공자법이 열사와 상이군인, 제대군인 등 대체로 전투 혹은 혁명 활동에 적극적으로 참여했던 이들과 가족 및 친지를 대상으로 하는 것과는 달리, 열사의 어머니 즉 자식을 잃은 여성 혹은 한부모 여성을 보훈 대상으로 지정하고 있다. "영웅적인 베트남 어머니"는 법령 취지에 "물을 마실 때 근원을 생각한다"는 도리와 애국심 그리고 혁명 전통을 바탕한다고 밝히고 있다. 사실상 어머니인 여성을 통해 대중들과 지역사회의 찌언 활동을 고취하는 정치적 효과를 목표로 하는 정책이자, 자녀로부터 생계 지원을 받지 못하는 고령 여성에 대한 경제적 지원과 우대 정책을 내용으로 하는 사회복지 정책으로 기능하고 있다. 더 나아가 탈냉전 질서하에서 이데올로기적 영웅들과 일정한 거리를 두고 있는 어머니라는 상징을 보훈 대상으로 설정함으로써 찌언 활동을 '의사친족관계(fictive kinship)'로 연결된 각 개인이 당연히 수행해야 할 도리로 제시하고, 전 국민적인 통합을 모색하는 것이었다. 결국 '영웅적인 베트남 어머니'에 대한 보훈정책은 당-국가 주도의 보훈정책의 한계를 넘어서 '친밀성'과 '도리'에 대한 성찰을 통해 사회통합을 시도하는 대중주의적 접근법으로 평가할 수 있을 것이다.

3. 결론

2021년 베트남 노동보훈사회부 차관의 보고에 따르면 (Nguyễn, Bá Hoan, 2021년 7월 17일), 공식적으로 9백 2십여만 명이 '유공자'로 인정을 받았으며, 그중 백 3십여만 명이 매달 정부로부터 연금을 받고 있다. 현재 베트남 인구를 약 9천 6백만 명으로 추산한다면 전체인구 중 약 10%의 국민이 '유공자'인 셈이다. 2021년 열사와 상이군인의 날을 맞아 베트남 국가주석은 전격적으로 혁명유공자와 열사의 가족 및 상이군인에게 지급하는 지원금을 전년 대비 50% 인상하였다. 코로나19 상황에서 생계의 어려움을 겪는 혁명유공자들에 대해 국가가 특별한 관심을 갖고 배려를 하고 있다는 메시지였다. 노동보훈사회부가 담당하는 현재의 유공자 우대정책은 '사회주의적 지향의 시장경제'를 표방한 도이머이 시대의 경제적 소외 계층에 대한 일종의 복지정책으로도 기능하고 있다. 또한, '영웅적인 베트남 어머니'에 대한 보훈정책들처럼, 인간의 윤리적 본성과 도리에 대한 감각들을 자극하고 '공이 있는 사람들의 은혜를 알자'라는 캠페인을 통해 사회적 연대감을 고취해 궁극적으로 지역과 전체 베트남 사회의 통합을 시도하고 있다.

오랜 혁명과 전쟁을 겪고 사회주의화의 역사 그리고 도이머이와 같은 개혁·개방 등 정치적 격변과 소용돌이를 거쳐 온 베트남 사회에서 보훈정책은 늘 노동과 사회문제와 맞물려 변화해 왔다. 독립과 통일과정에서 기꺼이 삶을 바친 이들에 대한 보답은, 그들을 잊지 않고 노동과 사회적 삶의 일상성을 회복하는 일을 도우며 자신의 명예를 지킬 수 있는 생계 지원과 사회적 우대정책을 기반으로 하고 있다. 냉전 시대의 이데올로기와 민족주의의 영향으로 '혁명적 영웅주의'가 보훈의 서사를 전유하며 정치화되기도 했지만, 민간 영역에서의 다양한 추모와 보훈 활동이 시도되고 활발해지면서 당-국가 주도가 아닌 탈중심화된 보훈 활동도 확대되어 왔다.

오늘날 탈냉전 지구화 시대의 질서에 편입된 베트남 사회의 보훈정책은 단순히 열사에 대한 신격화나 유공자들에 대한 정치·경제적 우대정책에만 머물러 있지 않다. 변화하는 대내외적 환경에 민감하게 반응하고 대응하며 보훈 활동-찌언-을 베트남 문화의 유산이자 인본주의적 보편성을 지닌 도리로 인식하고 실천하는 운동을 펼쳐나가고 있다. 전쟁과 이데올로기적 냉전의 유산을 완전히 극복해 나가는 데는 아직 많은 노력과 시간이 필요하고 숱한 난관이 존재하지만, 오늘날 그 의미를 새롭게 해나

가고 있는 "열사와 상이군인의 날"과 찌언 활동에서처럼 민·관·군이 "따로 또 같이" 함께 실천하는 보훈 활동은 상처와 트라우마로 얼룩진 삶과 과거의 기억을 치유하고 새로운 공통의 사회성을 만들어 가는 주춧돌을 다지는 중요한 역할을 하고 있다.

'영령(英靈)'에서 '평화의 초석(平和の礎)'으로

: 전후 일본의 위령과 일본유족회의 탄생

이영진_ 강원대학교

1. 들어가며

근대국가는 국가를 위해 싸우다 죽은 병사를 '성화(聖化)'하고 기념함으로써, 그 죽음이 불러일으킬 수 있는 많은 의문들을 차단하고, 거기에 단일한 의미를 부여하고자 한다. 지난 전쟁 시기 '제국 일본'에서 전사한 병사들이 성스러운 카미(神), '영령(英靈)'으로 명명된 이유도 여기에 있다. '영령'이라는 말은 원래 러일전쟁기에 출현한 신조어였지만, 1차 세계대전, 그리고 15년간 이어진 아시아-태평양 전쟁 등 계속되는 전쟁의 와중에서 일본 사회 전반에 뿌리내리게 된다. 전몰자를 현창하고 찬미하는 말들이 화려하고 장엄한 '공장(公葬)', 나아가 야스쿠니신사로 대표되는 국가의 영령 제사와 일체를 이루면서, 영령을 하나의 모범이자 규범으로 규정해 갔던 것이다. 영령 제사가 더욱 특별한 의미를 갖게 되는 것은 1937년 중일전쟁 이후, '성전(聖戰)' 관념과 결합하면서부터이다. "전사 → 영령·위령 → 교육 → 징병 → 전사"로 이어지는 소위 '영령 사이클'이 완성된 것 역시 이 시기이다.

1945년 8월의 패전, 그리고 제국 일본의 해체와 함께 찾아온 '전후(戰後)'는 전쟁 말기부터 삐걱거리기 시작한 영령 사이클을 완전히 정지시켰다. 전쟁에서 국가를 위해 싸우다 죽은 병사들을 신격화하며 그 죽음의 의미를 부여해 주던 야스쿠니신사의 제사나 지역사회의 공장은 연합군 총사령부(GHQ: General Headquarters)의 명령에 의해 금지되었다. 심지어 그들의 죽음에 대해 이야기하는 것조차 GHQ의 검열에 의해 규제의 대상이 되었다.(Dower, 1999: 413) 또 전시기 국가와 전국민의 칭송을 받던 황군 병사의 영광스러운 죽음은 '개죽음'으로 그 의미가 완전히 뒤바뀌었다. 이런 전도된 상황에서 유족들은 어떤 방식으로든 자신들의 육친, 지인의 죽음을 기억하고 애도하는 방식을 찾아내지 않으면 안 되었다. 전후 일본의 전사자 위령은 바로 그 절박한 난제를 해결하기 위한 사회 내부의 총체적인 실천이라고 할 수 있을 것이다.

이 글에서는 전시기 일본의 영령 제사로부터 패전과 점령, 그리고 전후일본유족회의 탄생과 함께 확립된 전국전몰자추도식 및 원호(보훈) 제도의 변화 과정을 간략히 검토하며 지난 전쟁의 죽음을 수습하고자 했던 한 사회의 실천이 제기하는 물음들을 좀 더 명료히 제시하고자 한다. 이러한 검토의 궁극적인 배경에는 총동원체제 하에서 전개된 국가적 차원의 전쟁이 야기하는 피해에 대해 국가는 어떻게 보상해야 하는가, 나아가 근대국가 일반에서 전사자를 기억하는 논리/방법이란 무엇인가에 대한 근원적인 성찰이 깔려 있다. 마지막으로 "조국을 위해 죽는 것은 달콤하고 또 당연하다"라는 고대 로마시인 호라티우스(Horatius)의 잘 알려진 송가의 한 구절을 다시 사유하면서, 조국을 위한 죽음에 대해 국가는 어떻게 응답해야 하는지를 되물으며, 반전·평화의 맥락에서 '보훈'의 문제를 다시 생각해 보는 계기를 마련하고자 한다.

2. 전시기 일본의 영령 제사와 유족*

보신전쟁(1868), 세이난전쟁(1879), 청일전쟁(1894-5), 러일전쟁

---

* 이 장은 이영진, 『죽음과 내셔널리즘: 전후 일본의 특공 위령과 죽음의 정

(1904-1905), 시베리아 파병(1918-22), 그리고 아시아·태평양전쟁 (1931-1945)에 이르기까지 근대 일본이라는 국민국가는 전쟁과 함께 성장하고 몰락한 '전쟁국가' 그 자체였다. 전쟁을 수행하기 위해 국가는 끊임없이 성인 남성을 동원(징집)해서 전장으로 내보냈고, 또 그 전사자들의 수만큼이나 많은 유족들을 낳았다. 이렇게 늘어 가는 유족들을 어떻게 배려하고 처우할 것인가의 문제는, 전쟁국가의 정부에게 있어 간과할 수 없는 핵심적인 사항이었을 것이다. 왜냐하면 계속되는 전쟁에 이들 국민들을 계속 '충량(忠良)한' 병사로서 동원하기 위해 국가는 그 죽음에 대해 어떻게든 대가를 지불하지 않을 수 없었기 때문이다. 또 사랑하는 육친이나 지아비를 잃은 유족들은 정부의 정책에 가장 비판적인 세력이 될 수 있다는 점에서 정부로서는 이를 견제해야 할 필요도 있었다. 따라서 정부는, 유족의 입장에서 봤을 때 '집안의 기둥'이라고 할 수 있는 지아비나 아버지를 상실한 유족들이 자부심을 가지고 살아갈 수 있도록 하기 위해 상징 조작에 더해 경제적 지원에 있어서도 일찍부터 힘을 기울였다.

치』(서울대학교 출판부, 2018)의 3부 2장 「전시기 일본 사회의 영령 제사와 유족」을 일부 수정 보완한 것이다.

하지만 먼저 지적해야 할 한 가지 흥미로운 사실은 현재와 같이 일본 정부에 커다란 힘을 행사하는 압력단체로서의 전국적인 '유족회'라는 조직은 전후에 만들어진 것으로 전시기에는 존재하지 않았다는 점이다. 실제로 정부가 유족들에게 명예를 부여할 때도, 이 명예성을 지나치게 강조하는 것은 그다지 적절하지 못하다는 견해마저 내부에서 제기될 정도였다. 예를 들어 중일전쟁기에 유족에게 '훈족(勳族)'이라는 칭호를 부여하는 것은 어떤가 하는 논의가 있었을 때, 정부는 이를 거부하는 입장을 고수했다. '일본에 유족이라는 특권계급은 없다', '원호를 받고 있는 사람들도 이후에는 대상으로부터 제외되어야 할 때가 오기 때문'이라는 것이 그 이유였다. 여기서 우리는 유족이 명예의식--프라이드를 갖는 것은 허용하되, 그것이 국가에 대한 권리 의식·특권의식으로 전화해서는 안 된다는 것이 당시 정부가 고수하고 있던 기본 입장임을 확인할 수 있다. 물론 전시기에 유족회가 전혀 없었던 것은 아니다. 하지만, 이들 지역 단위로 결성된 유족회 역시 지아비나 육친에 대한 현창(顯彰)을 주목적으로 하도록 지도받으면서, 정부가 염려하는 '권리' 주장을 위한 단체가 되지 않도록 정부 차원이나 지역 단위에서 끊임없이 감시를 받았다.(青柳一郎, 125-126)

그것은 실로 "명예의 유족"이라는 감시 체제의 형성이었다. 그리고 이러한 감시와 지도의 역할을 담당한 주체는 방면위원 및 지도촉탁이었다. 이들의 주요 업무는 일본 각지의 지방 차원의 총후봉공회(銃後奉公会) 단위로 설치된 부인 지도원과 원조 협력하며, 전사자유족·군인유족의 상담 지도를 행하는 일로부터 은급(恩給)*을 둘러싼 유가족 내부의 분쟁을 중재·조정하는 일 등, 실로 유족 생활의 미세한 부분까지 침투하여, 이들을 관리하는 활동 전반을 아우르는 것이었다.(一ノ瀬俊也, 2005: 90-115)

그러나 감시와 지도만으로 유족들을 국가의 이데올로기에 포섭시킬 수는 없다. 따라서 국가는 시종이나 여성 황족 혹은 왕족 등을 파견해서 유족들의 상황을 시찰하고 그들의 슬픔을 위무하고 격려하거나, 유족들을 도쿄의 야스쿠니신사가 주최하는 초혼제에 초청하여 참배시키는 등 다양한 전략을 동시에 취했다. "자애의 시선에 의한 지배"라고 명명할 수 있는 이러한 장치에 의해, 유족들은 전사자의 유족만이 갖는 명예라는 특권에 감읍(感

---

* 공무원이나 군인이 퇴직 또는 사망했을 때 본인 또는 그 유족에게 안정된 생활을 할 수 있도록 지급되는 금전. 패전 이후 일시 폐지되었지만, 샌프란시스코 강화조약 이후 부활했다.-필자 주.

泣)하면서, 육친의 죽음을 감격이나 명예심으로 전화시켜갔던 것이다.(ibid., 127-159)

육친의 죽음을 성대히 기념하는 야스쿠니신사의 합사제나 지역 사회의 '공장(公葬)'은 이러한 상투어구가 사용되는 '이데올로기 발동의 장'(一ノ瀨俊也, 2004: 324)의 가장 대표적인 예라고 할 수 있을 것이다. 아들, 지아비 혹은 아버지의 죽음을 끊임없이 명예로운 죽음으로 상찬하는 장에서, 유족들은 이러한 상투어구를 되풀이하는 것을 통해 관 주도 이데올로기를 부단히 재확인하고, 규범화·절대화하면서 그 공간에 자신을 동일시해 버리게 되었는지도 모른다. 무엇보다도, 전사자들의 명예로운 죽음을 현창하는 전 국민적인 상징으로서의 야스쿠니신사라는 존재는 어린 나이에 아버지를 여읜 아이들이 성장 과정에서 겪었던 외로움과 고통을 포근하고 자애롭게 감싸주는 '대부'의 역할을 하고 있었다고 보는 것이 더욱 타당할 것이다. 그리고 그 때문에 유아들은 그 어려웠던 시절 깨끗하게 정돈된 야스쿠니신사에 와서 죽은 아버지와 상상적으로 '대면'하면서, 그만큼의 감격을 토로했던 것이다. 그리고 이러한 경험들이 쌓여 나가는 가운데 "전사(戰死)를 둘러싼 새로운 감정의 공동체"(矢野敬一, 2006)는 점점 확고해져 갔을 것이다.*

　'전사를 둘러싼 감정의 공동체'는 일본 국민으로서 모두가 어려움을 감내해야 했던 '전시'라는 극한 상황이 빚어낸 하나의 공동 체험이었다. 내 아버지만이 아닌, 너의 형(오빠), 혹은 너의 남편의 전사 통지를 계속해서 받아야 했던 공동체 내에서 죽음은 나만의 것이 아닌, '우리 모두의 것'으로 경험될 수 있었다. 그리고 지역사회에서 성대하게 치러지는 공장, 혹은 야스쿠니신사의 초혼제에 참석함으로써, 그들은 서로의 '결여'/'상실'을 확인함과 동시에 전사자들이 카미로 승화되는 일련의 절차들에 위안을 받았을 것이다. 엄숙하면서도 정갈하게 치러지는 의례들을 보면서 그들은 '우리는 지금 성스러운 전쟁을 치르고 있고, 그 전쟁에

---

*　물론 1930년대 후반의 시점에서도 전사자를 위령하기 위한 의식적인 면에서의 합일점이 확고하게 만들어지지 않았고, 공장 역시 각 시정촌 단위로 실시되었으며, 개별 전사자의 대우를 둘러싼 상황을 현이 어느 정도 적극적으로 파악하고 있었는가에 대해서도 일정하지 않았던 점은 역사적으로 확인되고 있다. 한편 시정촌 차원에서는 공장의 종교적 형식에 관해 신도와 불교 사이의 대립이 발생하기도 했다(矢野敬一, 2006: 89-92 참조). 그렇다고는 해도 그 다양성만을 강조해서는 안 된다. 공장 자체가 포함한 스펙터클성, 또한 거기에 동원되는 사람들의 의례행위 공유에 의해 발생하는 정치성을 통해 전사자의 죽음이 향토라는 명예로서 받아들여지는 과정은 각 시정촌에서 치르는 공장의 공통된 특징이었다. 그리고 이 과정을 거치면서 전사(戰死)를 둘러싼 감정의 공동체가 서서히 만들어져갔던 것이다(ibid. 105).

서 나의 아버지와 너의 지아비가 목숨을 바쳐 싸우다가 전사했다'는 인식 하에 나와 네가 하나 되는 일련의 성스러운 체험을 했을지도 모른다.

하지만 이러한 감정의 공동체가 계속 유지된다는 것 역시 불가능한 것이다. 그 균열의 징조는 전쟁이 장기화되면서 점차 나타난다. 그 한 예로 한때 육친을 잃은 유족들의 슬픔을 어느 정도 상징적으로 해소시켜 주는 역할을 하던 합사제의 위상은, 전황의 악화와 더불어 점차 약화되면서 패전이 임박한 1944년 말에 이르면 사실상 붕괴하기에 이른다. 실제로 1945년 봄의 합사제는 도쿄 대공습 등이 그 이유이기도 했지만, 기간도 이틀로 축소될 뿐만 아니라 지방 유족의 참례도 폐지되는 등 그 위상이 현저히 약화되는 것을 확인할 수 있다. "예년이라면 전국에서 찾아온 유족의 승전 참배로 기다리고 기다리던 감격의 신전 앞 풍경이 펼쳐졌겠지만, 유족의 초대를 폐지한 올해는 정결한 땅(淨域)에 어울리는 평온함에 … (임시대제가) 간결·장중하게 치러졌다"는 합사제 보도기사(『朝日新聞』 1945.4.26)는 '국민의 제전'으로서의 초혼제·합사제의 위상에 균열이 왔음을 완곡하게 표현하는 것에 다름 아니다. 패전이 임박할 무렵이 되면 초혼제 실황 생방송에서 '불경한' 소리들("살인자! 내 아들을 돌려 달라!"라는 유족들의 비통한 목소리)이 터져 나오기도 했다는 방송국 관계자의 이야기도 전해온다.(角田三朗, 1977: 51) 이렇듯 극장국가(Geertz, 1980)에 있어 의례의 붕괴는 헤게모니의 몰락, 나아가 여러 다양한 목소리들이 "웅성거리는(babble on)" 이데올로기의 영역으로 이행하는(Comaroff & Comaroff, 1991: 24) 전주곡이었다.*

한편 이 시기는 유족뿐만 아니라 전쟁에 참전한 청년들 내부에서도 국가의 영혼 제사에 대한 믿음이 점차 희미해져 가는 시기이기도 하다. 1943년에 학도병으로 해군에 입대하여 1945년 5월 특공대원으로 전사한 한 청년은 입대 전 쓴 일기에서 자신의 심정을 다음과 같이 토로하고 있다. "교토[京都] 역에서도 그다음 역에서도 유골들이 개선하고 있었다. 상자의 하얀 빛이 처절하게 느껴진다. 야스쿠니신사 앞에서 다시 만나자는 구절을 전쟁에 임했을 때 주저 없이 말할 수 있을까 하는 생각이 들었다." 또 교토대학 출신의 학도병으로 1942년 입영해서 종군 중 싱가

---

* 패전이 임박할 무렵 열린 초혼제 실황을 생방송하는 라디오 관계자들이 초혼 제사 와중에 유족들 사이에서 터져 나오는 '불경한' 소리들("살인자! 내 아들을 돌려 달라!"라는 유족들의 비통한 목소리)이 마이크로 흘러들어오는 것을 차단하기 위해 무척이나 애를 썼다는 후일담 등은 국가주의 이데올로기와 실상의 괴리를 지적하기 위해 자주 인용되는 에피소드 중의 하나이기도 하다.(角田三朗, 1977: 51)

포르에서 패전을 맞아 결국 전범재판에서 사형을 선고받은 한 청년이 남긴 유서는 패전과 더불어 야스쿠니로 대변되는 국가의 영혼 관리가 사실상 붕괴했음을 잘 보여주고 있다.

제 장례는 간단히 치러주세요. … 제 불단과 묘 앞에는 묘에 바치던 기존의 꽃보다도 '다리야'나 '튤립'같이 화려한 서양의 꽃을 올려주세요. 이는 제 마음을 상징하는 것이자, 죽은 후에는 특히 화려하고 밝게 지내고 싶다고 생각합니다. 맛있는 양과자도 듬뿍 올려주세요. 제 머릿속에 기억으로 남아 있는 불단은 아무래도 너무 적막합니다. 제 불단은 한층 밝고 화려한 것이었으면 좋겠습니다. 불교에 반하는 것인지는 모르겠지만, 부처가 되는 제가 원하는 것이니까 괜찮겠지요. 그리고 하나의 희망은 제가 죽은 날보다 차라리 제가 태어난 날인 4월 9일을 축하해 주셨으면 합니다. 제가 죽은 날을 잊어주세요. 제 기억에 남아 있는 것은 제가 태어난 날뿐이었으면 하는 바람입니다.(日本戦没学生記念会 編, 1982: 328)

이 유서에 대해 하시카와 분조는 예전 메이지 국가가 창설하고 확립시킨 야스쿠니 제사, 나아가 근대 초기 일본의 뛰어난 관찰자였던 서양인 라프카디오 헌(Lafcadio Hearn)이 메이지 시대의 청년들에게서 엿보았던 투명한 신앙이 혼란에 빠졌으며, 나아가 일본인은 지난 전쟁을 겪으면서, 특히 패전의 사실성에 의해 자신의 영혼이 회귀해야 할 장소로서, 이제 단지 고유의 조령신앙(祖靈信仰)에 의지할 수밖에 없음을 증명하는 것이라고 해석하고 있다.(이상 橋川文三, 1985: 207-210 참조) '전후'는 이렇듯 야스쿠니로 대표되던 이데올로기적 국가 장치의 기능이 정지되고 전통적인 '선조들의 사회'라는 관념에 의존할 수밖에 없는 지점에서 시작되었던 것이다.

3. '전국전몰자추도식'
: 일본유족회의 탄생과 전후 위령의 완성*

만약 일본이 2차 대전에서 패하지 않았더라면 전사자에 대한

---

* 이 장은 이영진, 『죽음과 내셔널리즘: 전후 일본의 특공 위령과 죽음의 정치』(서울대학교 출판부, 2018)의 4부 1장 「전후 위령의 출발」을 일부 수정 보완한 것이다.

제사는 지금과 어떤 차이가 있을까를 생각해보는 것은, 전후 일
본의 전사자 위령의 '애매함'과 '비틀림'을 이해하는 데 조금이나
마 유용하지 않을까. 앞에서 살펴본 것처럼, 전시기에는 이들 전
사자들의 죽음에 어떻게 의미 부여 할 것인가에 대한 하나의 정
형화된 틀이 있었다. 야스쿠니 제사를 위시한 각 군대에서 치러
지는 위령제, 그리고 지방의 시정촌 단위로 실시된 공장 등이 그
예이다.

하지만 1945년 패전 직전의 1년이라는 기간에 죽은 전사자의
수가 1931년 만주사변으로 시작된 소위 15년 전쟁 전사자 총수
의 8할을 차지한다는 사실에서 알 수 있듯이, 1943-4년의 시점에
이르면 이미 전사자의 사체를 회수하고, 이를 기념하는 일련의
절차를 진행할 수 있는 행정적 틀은 사실상 마비된 상태였다. 그
리고 이들 군인 전사자 이외에도, 1944년부터 연합군에 의해 본
격화된 도쿄, 오사카, 나고야 등 대도시를 중심으로 한 공습, 오
키나와 전투, 그리고 히로시마, 나가사키의 원폭 등 일련의 사태
에 휘말려 죽음을 당한 민간인들과, 또 '징병', '강제연행' 등으로
전장에 내몰려 죽음을 당한 대만인과 조선인과 같은 구식민지인
들 등, 그 다양한 죽음들에 어떤 의미 부여를 해야 할 것인가에
대한 일관된 합의를 만들어내지 못한 채, 일본은 패전을 맞이한

다. '전후' 일본 사회는 역사상 유례없이 발생한 엄청난 죽음들을 '회수'하지 못한 상황에서 출발하게 된 것이다.

더구나 패전은 죽음을 처리해 온 기존의 사회 시스템의 기능 정지를 의미하는 것이기도 했다. 지난 시기 전쟁에서 국가를 위해 싸우다 죽은 병사들의 죽음에 어떤 방식으로든 의미 부여를 해 주었던 야스쿠니신사의 제사나 지역사회의 공장은 GHQ의 명령에 의해 금지되었다. 심지어 그들의 죽음에 대해 이야기하는 것조차 GHQ의 검열에 의해 규제의 대상이 되었다(Dower, 1999: 413). 또 과거 국가와 전 국민의 칭송을 받던 영광스러운 죽음, 즉 '산화'는 이제 '개죽음' 취급을 받기 시작했다. 이런 전도된 상황에서 유족들은 어떤 방식으로든 자신들의 육친, 지인의 죽음을 기억하고 애도하는 방식을 찾아내지 않으면 안 되었다.

현재까지도 일본유족회(이하 '유족회')는 자민당의 '표밭'이자 줄기차게 '영령의 현창'을 부르짖는 가장 대표적인 보수 압력단체로 잘 알려져 있다. 하지만 패전 직후 만들어진 유족회는 지금과는 사뭇 다른 다양한 목소리들이 공존하는 단체였음을 우선 지적해 둘 필요가 있다. 전몰자 유족의 경제적 궁핍을 개선하기 위해 유족들 자신의 노력에 의해 1947년 11월 유족회*가 설립되지만, 설립 초기에 내건 슬로건-'평화', '전쟁의 방지', '전 인류의 복지'-에서 확인할 수 있듯, 유족회는 단순히 유족들의 경제적 이해를 위한 이익단체만은 아니었다. 기관지인 『일본유족통신』을 보더라도 초기에는 일본군의 잔학행위에 대한 반성이나 아시아에 대한 전쟁 책임론도 공공연하게 이야기하고 있을 정도로 국제적인 면모가 엿보이며, 이에 대한 찬반 논의가 동기관지에서 이루어지는 등, 지금의 일본유족회로서는 상상하기 힘든 공론장이 당시에는 존재하고 있었던 것이다.(田中伸尙[外], 1995: 34-50 참조)

> 전쟁에 의해 비참한 눈을 본 사람들, 특히 병사로서 아버지와 아이를 잃은 유족들로부터 이러한 이야기를 듣다. 우리들은 전쟁 선동자에 이용당했던 것이다. 전쟁에 의해 이익을 가로채고자 한 자들에게 속았던 것이다. 이 전쟁은 정의의 전쟁이며, 이 전쟁에 의해 동양의 평화가 온다는 선전에 속아 재산도 바쳤던

---

* 설립 당시 명칭은 '일본유족후생연맹'(日本遺族厚生連盟), 1953년 '일본유족회'로 명칭이 변경, 현재에 이름.

것이다. 하지만 결과는 어떠했는가. 전력에 있어서도 무모했고, 목적에서도 침략이었다. 이 싸움은 패했다. … 우리들은 속은 것이다. 그래서 전쟁의 비참한 결과를, 우리들이 받아들이지 않으면 안 된다는 것은 말이 되지 않는다. 우리들은 적어도 육친을 잃은 것에 대한 보상을 받을 권리가 있다.

이러한 논리에는 일리가 있다. 적어도 일본인인 우리들에게는 그 논리는 이해가 된다. 하지만 이 논리가 국제적으로 통용될 것인가. 자신의 아이를 전쟁으로 잃은 아메리카의 어머니가, 지아비를 잃은 중국의 부인이, 당연하다고 인정해줄 것인가. … 아이를 전쟁으로 잃은 아메리카의 모친은 말할 것이다. 당신은 속았다고 말한다. 하지만 그러한 전쟁 선동자를 의회에 보내고 정치를 행하게 한 것은 도대체 누구인가. 무모한 전쟁을 지지하는 사람들을 의회에 보낸 책임은 당신들에게 있는 것이다. 무지가 국제 사회의 면죄부는 아닌 것이다. 국내적으로 보면 언뜻 통하는 논리라 해도, 국제적으로는 반드시 통하지 않는다. … 우리들은 국제적인 관점에 서서 스스로의 주장을 생각할 필요가 있다.(「유족문제의 국제성」, 『일본유족통신』 1950.4.25. / 田中伸尙[씨], 1995: 51-52에서 재인용).

물론 이런 움직임을 일본 유족회의 전반적인 분위기로 평가해서는 곤란하다. 전쟁책임론을 펴는 것은 어디까지나 소수였고, 소수의 전쟁책임론마저 승전국인 중국에 대한 책임이 중심이었으며, 도쿄재판에서 일부 다뤄진 마닐라에서의 잔학 행위에 대한 책임론을 제외하면 전시 동남아시아의 여러 민족에 자행했던 잔학행위에 대한 책임감은 거의 나타나지 않았다. 그 이유는 물론 당시 BC급 전범재판이 진행 중이었기 때문에 책임 추궁을 두려워한 일본인들이 입을 다무는 경향이 있었다는 점, 그리고 동남아시아 국가들이 당시 여전히 서구 열강의 식민지 치하, 또는 독립 과정에 있었기 때문에 일본의 전쟁 책임을 추궁할 수 없었다는 사정이 있었다. 하지만 동남아시아에 대한 당대 일본인의 의식 수준이 낮았다는 것이 더 본질적인 이유인지도 모른다(吉見義明, 1992: 88-89).** 그리고 소수의 전쟁책임론마저도 냉전 구

---

* 이러한 변화는 1953년 전범으로 필리핀의 수용소에 수감되었던 예전 병사들을 맞이하는 일본인들의 태도에서도 확연히 드러난다. 다워는 그 풍경을 다음과 같이 기록하고 있다. "… 이들 병사들이 전원 일본으로 송환되어 그들이 탄 배가 일본에 도착했을 때, 28,000명이 넘는 사람들이 항구에 나와 맞이했다. 그 군중 속에 천황의 육해군이었던 이들 병사들이 필리핀에서 살해한 민간인(여성과 아이를 포함해서)이나 포로들에 대해 한마디라도 꺼내는 사람은 없었다.(Dower, 1999: 515)

조가 본격적으로 자리 잡고 공산화된 중국이 주요 적성국가가 되면서부터는, 전전 일본군의 중국 등지에서의 잔학행위를 들추어내지 않는다는 미국의 정책 전환에 기생한 채(Dower, 1999: 508), 점차 자취를 감추게 된다.

이러한 일본 사회 내의 보수화의 물결과 보조를 같이 하듯, 패전 직후 「신도지령(神道指令)」(1945, 12: 정식명칭: 국가신도, 신사신도에 대한 정부의 보증, 지원, 보전, 감독 및 홍포(弘布)의 금지에 관한 건), 공유지, 학교 등 공공 격지 내에 건립된 충혼비 철거(1946년), 「공장 등에 대하여(公葬などについて)」(1946년 11월) 등 연이은 칙령과 함께 GHQ에 의해 실시된 전몰자의 위령에 대한 엄격한 규제도 해를 거듭하면서 점차 완화되어 가게 된다. 그리고 1952년 4월 28일 「샌프란시스코 강화조약」(대일평화조약)의 발효로 인해 연합군에 의한 일본 본토의 점령 상태가 사실상 종결되면서, 이들 지령들은 실질적으로 폐지 혹은 무효화된다. 조약이 발효되기 전인 1951년 9월(조인 직후)에 이미 특정 종교를 상징하는 것이 아닌 한, 공공단체가 공공용지, 공립학교 격지 내에 위령비 등을 건립하는 것이나 공무원의 위령제 참석을 인정하는 「전몰자의 장제 등에 대하여(者の葬制などについて)」라는 〈문부차관·인양 원호청 차장통달〉이 발령되고 있다는 점을 주시할 필요가

있다.(大原康男, 1993) 이와 동시에 전몰자의 유족에 대해서도 「전
상병자전몰자유족등원호법(戰傷病者戰沒者遺族等援護法)」(1952.4),
「구군인은급부활(旧軍人恩給復活)」(1953) 등 패전 직후 GHQ에 의
해 금지되었던 경제적인 원호 조치가 다시 부활하고 있었다.(厚
生省援護局[編], 1977: 399)

　　이러한 상황 속에서 강화조약이 발효된 지 불과 4일 후인 1952
년 5월 2일(아이러니하게도 전날인 5월 1일은 황거 앞 광장을 피로 물
들인 '피의 메이데이' 사건이 발생했다), 전후 처음으로 도쿄의 신주
쿠 교엔에서 정부 주최의 '전국 전몰자 추도식'이 거행된다. 이는
'평화조약 발효 및 일본국 헌법 시행 5주년 기념식전'의 전날, "모
든 국가의 행사에 우선해서" 거행된 첫 행사이기도 했다. 그렇다
면 왜 국가의 '독립'과 주권의 '회복'을 축하하는 식전에 앞서, '전
사자의 추도식'이 거행되어야 했을까. 물론 현재의 시점에서 이
러한 물음을 던지는 것 자체가 우문(愚問)일 수 있다. 왜냐하면
당시 일본 사회에서 이러한 수순은 '거의' 당연한 것으로 받아들
여졌기 때문이다.*

---

* 물론 이러한 움직임에 대한 비판의 목소리가 전혀 없었던 것은 아니다. 예
　를 들어 수상의 추도사 전문이 게재된 『朝日新聞』 5월 2일자 석간에 함께 실

1952년에 일회성으로 개최된 국가 주도의 추도식은 치도리가
후치(千鳥ヶ淵) 전몰자 묘원이 준공된 1959년 3월 28일의 추도식
을 제외한다면 1962년까지 거행되지 않았다. 그리고 1963년 5월
14일 각의결정(閣議決定)에 의해 8월 15일 히비야(日比谷) 공회당
에서 공식적인 '제1회 전국전몰자 추도식'이 개최된다. 그리고 64
년 야스쿠니신사 경내에서 제2회의 추도식이 개최된 이후, 제3회
부터는 매년 8월 15일 일본 부도칸에서 개최되는 것이 관례가 되
어 현재에 이르고 있다. 1963년에 이루어진 각의 결정은 이후 현
재까지 전국 전몰자 추도식의 뼈대를 이루고 있으므로, 조금 길
지만 인용해보기로 한다.(厚生省援護局[編], 1977: 400/강조-인용자)

전국 전몰자 추도식의 실시에 관한 건(1963.5.14 각의 결정)
이번 대전(大戰)에서의 전체 전몰자에 대해, 국가 전체가 추도의
성의를 바치기 위해 다음과 같은 식전(式典)을 실시한다.

린 「사자의 영과 함께(死者の靈とともに)」라는 칼럼에는 전전 전사자들을 "희
생자가 아닌 아시아 여러 나라의 독립을 위해 싸운 호국의 카미"라고 치켜세
워 왔던 야스쿠니신사 궁사의 말을 하나의 핑계에 불과한 것으로 비판하고,
"240만 사자의 영에 깊은 슬픔과 조의를 바침과 함께 사자의 영이 무엇을 소
망하고 있는가를 진지하게 생각할 필요가 있다"는 견해가 피력되기도 한다.
하지만 전반적인 여론이 찬성을 향하고 있었음은 주지의 사실이다.

記

1. 정부 주최로 쇼와 38년(1963년) 8월 15일 히비야 공회당에서
   천황황후 양폐하의 임석 하에 전국전몰자추도식을 실시한다.

2. 본 식전의 전몰자의 범위는 지나 사변(중일전쟁의 일본식 표기/
   인용자주) 이래의 전쟁에 의한 사몰자(군인·군속 및 준군속 외, 외
   지[外地]에서 비명에 쓰러진 자, 내지[內地]의 전재사몰자 **등도 포함한
   것**으로 한다)로 한다.

3. 본 식전은 종교적 의식을 수반하지 않는 것으로 한다.

4. 식전 당일은 관청 등 국립 시설에는 조기를 게양하는 것으로
   하고, 지방 공공단체 등에 대해서도 같은 조치를 취하도록 권
   장한다. 또한 본 식전 중의 일정 시각에 전 국민이 일제히 묵
   도하도록 권장한다.

5. 본 식전에는 전국으로부터 유족 대표를 국비에 의해 참례시
   킨다.

   이러한 정부의 움직임에 대한 당시 야당인 사회당의 입장
은 비판적이었다. 예를 들어 각의 결정이 내려진 뒤 얼마 안 된
1963년 6월 4일 사회당은 전국 중앙지 1면에 전국 전몰자 추도
식의 정부 주최에 반대한다는 공식 성명을 발표하고, 또 실제

로 그 해 열린 식전에는 불참한다. 사회당의 반대 논리는 "정부 주최의 전몰자 추도가 군국주의를 부활시키고, 헌법 개악의 조건을 만들어내고자 하는 정치적 목적을 나타내고 있다는 점" 때문에 "국민적 행사로서 적합하지 않다"는 것이었다.(『朝日新聞』 1963.6.4.) 55년 체제가 성립한 직후인 당시 사회당은 자민당과 함께 양대 정당으로, 현재의 정치적 위상과는 비교할 수 없는 커다란 정치세력이었음을 감안할 때 사회당의 공식 성명의 무게는 큰 것이었다. 하지만 순국의 전몰자상에 있어서는 사회당 역시 당시 정부와 그다지 입장이 다르지 않았다. 비슷한 시기 사회당 정책 심의회가 작성한 「야스쿠니신사의 국가호지문제에 관한 태도」(1964.2.29)라는 문건에서 보이듯 사회당의 논리는 "전쟁에 의해 국가를 위해 생명을 바친 사람들에 대해 국민으로서 숭경의 심정을 표현하는 것은 당연하다"는 것이었다.(南相九, 2004: 54-55) 다시 말하면, 전몰자에 대한 추도를 정부 주최로 하는 것에 대한 반대일 뿐, 전몰자는 국가를 위해 싸우다 죽었으므로 현창해야 한다는 생각은 동일했다.

정부 역시 당시의 국내적 상황에서 정부 주최로 전몰자추도식을 치르는 것에 대해 제기될 수 있는 많은 반대 의견들을 의식하고 있었던 듯이 보인다. 예를 들어 전몰자추도식의 입안 과정에서 그 의의를 설명하는 후생성 원호국장은 "**전쟁에 대한 부정적 의견은 있지만**"이라는 단서를 달면서, 전쟁에서 죽은 사람들의 영을 위무하는 것이 국가의 도덕적 책임이라고 생각한다는 의견을 피력한다.(『朝日新聞』 1963.6.4/강조: 인용자) 덧붙여 같은 패전국인 "서독 역시 매년 국회의사당에서 대통령이 주관하는 추도식이 거행된다"면서 그 필요성을 강조하고 있다. 이러한 입장은 1963년 1회 대회에서의 이케다 하야토[池田勇人] 총리의 추도사에서도 드러난다. "3백만 동포의 조국에 바친 애국의 지정과 족적은 **전쟁에 대한 비판은 어찌됐건**, 영구히 역사에 남기지 않으면 안 된다.(강조: 인용자)" 다시 말하면 전몰자에 대한 추도와 전쟁에 대한 평가는 전혀 별개의 것이라는 점이 정부의 입장이었다. 또한 '군국주의 부활이 아닌가'라는 혐의에서 벗어나기 위해, 추도 대상인 전몰자의 범위를 군인·군속에 한정하지 않고 원폭·공습 등에 의한 다수의 민간인 전재 사망자도 대상으로 포함시키고 있다.

물론 '전쟁에 대한 비판은 어찌됐건'이라는 유보조항은 제4회 대회 때부터는 사라진다.(田中伸尙[外], 1995: 168) 하지만 추도식을 실질적으로 주관해 온 후생성원호국(厚生省援護局)이 1977년 발간한 『인양과 원호 30년의 발걸음引揚げと援護三十年の歩み』

이라는 보고서에서 추도식의 정당성의 근거로 **"전쟁에 대한 비판과는 별도로**, 국가를 위해 목숨을 바친 사람들을 위령하는 행사는 전승국에서도 패전국에서도 함께 이루어지고 있다"(厚生省援護局[編], 1977: 401/강조-인용자)는 전제를 깔고 있는 것에서 알 수 있듯이,* 전몰자에 대한 평가와 전쟁의 평가를 별도로 하는 논리는 지난 전쟁에 대한 가장 공식적인 '기억의 장'인 정부의 전몰자 추도식에서 계속 관철되어 왔다.

1963년 이후 현재까지 계속 치러지고 있는 전몰자 추도식에서의 수상의 추도사를 보면 1952년 대회에서 요시다 수상이 '미래형'으로 했던 발언("전쟁에서 조국을 위해 목숨을 바친 전몰자는 고귀한 평화의 초석으로, 민주 일본의 성장 발전을 **희망하고 있을 것**")이 실제로 전후의 경제성장을 통해 그렇게 되었음을 확인하고 그들의 은덕을 현창하는 것으로 바뀌었음을 확인할 수 있다. 즉 **"전후 우리 국가는 평화를 기초로 문화와 경제에 현저한 발전을 이루었지만**

---

* 보고서의 전국전몰자 추도식 항에 보면 1)추도식의 실시가 헌법의 규정에 어긋나지 않는가(특히 정교분리), 2)왜 8월 15일인가, 3)군국주의의 부활을 의도한 것은 아닌가, 4)왜 국가의 주도로 행하는가 등 비판이 예상되는 하나하나의 질문에 대해 매우 치밀하게 논리를 준비하고 있었음을 알 수 있다.(厚生省援護局[編], 1977: 400-402)

그 근저에는 지난 대전에서 조국의 광영을 확신하고, 이역에서 산화해 간 많은 영혼의 강한 바람이 있었음을 하루도 잊어서는 안 될 것"(강조-인용자)이라는 제4회 전국전몰자 추도식에서의 이케다 수상의 추도사는 이후 93년, 94년의 자민당과 사회당의 연립 정권기의 수상 추도사를 제외하면 거의 변화 없이 되풀이되고 있다.

지난 전쟁의 대의명분이 옳건 그르건 국가를 위해 목숨을 바친 전몰자는 국가의 이름으로 추도, 나아가 현창되어야 한다는 명제는 사실 '논리적으로는' 많은 모순을 내포하고 있음에 틀림없다. 패전국, 특히 지난 전쟁이 '해방전쟁'이 아닌 '침략전쟁'이었음을 인정할 수밖에 없는 상황에서 그 모순은 더욱 증폭될 수 있다. 전후 일본에서 1952년 전몰자 추도식 이후 10여 년의 세월이 지난 1963년에야 비로소 공식적인 전국전몰자 추도식이 거행된 것도 이러한 모순, 그리고 정부 주도의 전몰자추도식에 대해 제기될 수 있는 여러 비판들-군국주의 부활에 대한 비판이나 정교분리 문제에 대한 비판 등-에 대응하는 논리를 만들어내는 데 시간이 필요했던 것(赤澤史朗, 2005: 158)이라는 지적은 설득력이 있다. 다시 말하면, 전국전몰자추도식은 전몰자에 대한 추도 내용·형식을 둘러싼 국민적 합의가 곤란할 것을 예상하면서 주도

면밀하게 준비하고 기획된 것으로, 그 때문에 이후 매년 개최가 가능하게 되었다는 것이다.

하지만 실제로 정식화되었을 때 전국전몰자추도식에 대한 반발 같은 것은 거의 찾아보기 어려웠다. 지난 전쟁이 옳건 그르건, 전후의 위령은 '평화의 초석(平和の礎)'론으로 봉합되었다. 이 '평화의 초석'론에는 앤더슨(B. Anderson, 1998)이 지적했던, 네이션을 종교와 비슷한 것으로 만드는, 거부하기 어려운 '네이션의 선성(善性)'(The Goodness of Nations)이 깃들어 있다. 하지만 이 '선성'이 하나의 상징으로서의 힘을 갖기 위해서는 지난 전쟁을 체험한 사람들이 전쟁에 대해 갖는 여러 모순된 감정들이 서로 교차하고 경합을 벌이는 과정에서, "그럼에도 불구하고" 이루어지는 종합이 필요하다. 다시 말하면 전후 일본의 전사자 위령의 핵심이라고 할 수 있는 '평화의 초석론'은 죽은 자들에 대해 갖는 산 자들의 다양한 심정들이 합의를 이룰 수 있는 하나의 지점이었던 것이다.

4. 국가는 전쟁 피해자에게 어떻게 보상할 것인가
: 은급 및 원호제도를 둘러싼 물음

전시기부터 계속 유지되어 왔던 군인은급제도는 패전 직후 일본을 통치한 GHQ의 지령에 의해 폐지되었다. GHQ가 초기부터 은급제도 폐지에 관심을 가졌던 이유는 재정 부담 등의 이유도 있었지만, 무엇보다 군국주의 가담에 대한 경제적 보상을 모두 제거함으로써 일본 사회의 비군국주의화를 도모하려는 데 있었던 것으로 보인다. 1945년 11월 24일에 나온 각서 '은급 및 혜택'(Pension and Benefits, SCAPIN 338)에서는 기존 은급제도에 대한 상세한 검토 속에서 다음과 같은 평가를 내리고 있다.

이 제도야말로 세습군인 계급의 영속을 도모하는 한 수단이며, 그 세습군인 계급은 일본의 침략전쟁의 커다란 원천이 되었던 것이다. 일본인의 일부가 군인이 되는 것에 매력을 느끼고 있는 주요한 이유의 하나는 은급이 좋다는 것에 있다. 다른 계급에 비해 생활이 어려운 농민은 은급이 있기 때문에 그 자식들을 군대에 보냈던 것이다. … 물론 우리들은 불행한 사람들에 대한 적당한 인도상의 원조에 반대하는 것은 아니다. 양로연금이나 각종 사회보장의 필요는 크게 보아 인정되지만, 이들 이익이나 권리는 전체 일본인에 속해야 하는 것이며, 일부 소수자의 것이어서는 안 된다. 현재의 참담한 곤경을 초래한 최대의 책임자인 군국주의자가 **다른 다수 일본인의 희생에 있어 매우 특권적 대접**을 받고 있는 이러한 제도는 폐지되지 않으면 안 된다. 우리들은 일본정부가 모든 선량한 시민을 위한 공정한 사회보장 계획을 제시할 것을 마음속으로부터 요망하는 바다.(사회보장연구소편, 『일본사회보장자료 1』, 田中伸尙[外](1995)에서 재인용)

이 '각서'가 나온 이후 일본정부는 그 내용의 완화를 GHQ에 요구했지만 수용되지 않고, 1947년 2월 '은급법의 특례에 관한 건'(칙령 68호)에 의해 중상의 부상자를 제외한 은급은 폐지된다. 주지하듯이 GHQ의 점령 정책은 미소 냉전이 격화되는 가운데 점점 기존의 진보적 정책들을 철회하면서 우로 선회하지만, 이 군인 은급 폐지만큼은 변경되지 않고 관철되었다.

이렇게 폐지된 군인 은급제도가 부활하게 된 것은 1953년, 즉 샌프란시스코 강화조약(1951)으로 일본이 주권을 다시 회복한 지 불과 2년 후이다. 이미 1952년 '전상병자 및 전몰자 유족 등 원호법'(약칭 원호법)이 제정되어 군인·군속에 한해 국가보상의 물꼬를 튼 일본 정부는 1953년 은급법 개정을 공포하면서 군인 은급을 부활시켰다. 하지만 이 은급제도의 부활은 몇 가지 측면에서 근본적인 문제가 있다.*

첫째로 부활된 은급제도는 군인의 계급에 토대를 두고 근속에 의한 연금제를 취했다는 점에서 오히려 과거 군국주의 시절의 '약속을 지킨다'는 의미에서 본다면 역행, 퇴행의 성격이 강하다는 것이다. 이는 원호법이 전상병자 및 전몰자 유족이 처한 궁핍한 상황에 대해 일정한 금전 급부를 행하는 것으로, 사회보장적 성격을 강하게 띠는 것과는 대조된다. 더욱이 1952년 원호법이 제정되었을 때만 하더라도 전쟁 범죄자는 그 지급 대상에서 제외되었지만, 1953년 8월 개정에 의해 전범(A급, BC급)으로서 구금 중에 사망한 자의 유족에게도 연금 등을 지급하게 되었다. 이는 은급제도의 경우도 마찬가지였다. 일본이 연합군 전쟁범죄 법정의 판결을 수락함으로써(대일평화조약 11조) 주권을 회복하자마자 은급 제도를 부활시켰다는 것은 그런 측면에서 볼 때 굉장히 아이러니한 것이다.

---

* 은급제도의 부활의 문제점에 대해서는 田中伸尙[外],『遺族と戰後』(岩波書店, 1995)의 2장 「국가는 유족에게 어떻게 보상했는가」를 참고하여 정리했다.

둘째로 원호 및 은급제도는 시간이 경과하면서 군인 및 군속에서 준군속, 그리고 미귀환자나 인양자(引揚者) 등 해외('外地')에 있던 사람들에게까지 확장되었지만, 공습 피해자나, '본토 유일의' 지상전이었던 오키나와 전투의 희생자 등 지난 전쟁에서 피해를 입은 민간인들은 보상 대상에서 제외되었다는 점(단 원폭 피폭자의 경우는 예외로 보상 대상이 되었음) 역시 생각해 볼 필요가 있다. 후생성 역시 엄청난 수의 민간인들이 전투의 참화에 휩쓸려 희생당한 오키나와 전투의 특수성을 고려하여 그 보상 대상을 확장하여 이를 '준군속'으로 편입시키는 일련의 조치를 취했지만, '준군속'의 기준은 어떠한 형태로든 전투 능력을 가지고 전투에 참여했다는 것을 전제로 한 것으로 그 기준에 포함되지 않는 사람은 제외될 수밖에 없다. 이는 군의 시점에서만 보상 문제를 고려하면서, 피해의 측면에서 보려고 하지 않는 국가의 원호 정책의 본질적 한계라고 할 수 있을 것이다.

셋째로, 전시기 일본의 원호 및 은급제도에 뿌리 박혀 있는 차별적 성격이 전후에도 그대로 계승되고 있다는 점이다. 그 대표적인 예가 원호 및 은급제도의 국적 조항이다. 원호 및 은급제도는 현재에도 '호적법의 적용을 받지 않는 자'를 배제한다는 규정을 포함하고 있는데, 이는 한마디로 말하면 일본 국적을 가진 자에 한해서 은급을 지급한다는 것을 의미한다. 은급제도는 메이지 초기부터 군인을 대상으로 실시되었으며, 그 전제조건은 국가에 대한 충성이었다. 국적 상실은 그 절단을 의미하는 것으로 근속에 의해 생긴 은급수급권도 소멸한다는 것이 은급법의 사상이라고 한다면, 이 사상이 전후에도 아무런 비판 없이 그대로 계승되었다는 것은 커다란 문제이다. 왜냐하면 그 결과 구식민지 출신 군속들은 제국 일본의 전쟁에 동원되어 많은 피해를 입었음에도 그 보상을 받을 기회를 박탈당하게 되었기 때문이다. 전쟁 당시 그들이 군속으로서 내몰렸던 이유가 '호적법의 적용을 받지 않는 자'였는데, 전후에는 '호적법의 적용을 받지 않는' 것을 이유로 그 국가보상이 거부된다는 것은 전후 원호 및 은급제도의 아이러니이자, 일본의 전후가 전시기의 논리를 무비판적으로 계승하고 있다는 한 증거이기도 하다.(이상 田中伸尙[外] 1995: 82-129 참조)

이상 전후 일본의 원호 및 은급제도에 대한 고찰은 우리에게 전사자 및 전쟁 피해자에게 국가가 어떻게 응답해야 하는가에 대한 하나의 상대적 시점을 제공해주리라 생각한다. 국가의 부름을 받고 전장에 나가 죽은 병사들을 국가가 기억하는 것은 너무나 '당연하며' 그 물질적·경제적 구현이 보훈제도라는 점은 의

심의 여지가 없다. 하지만 현대전은 전후방의 구분이 없는 전면전이자 총력전을 그 특징으로 하며, 전쟁은 많은 민간인들을 동원하고 그 결과 많은 피해가 필연적으로 발생한다. 그렇다면 정부의 입장에서 이들 민간인들을 '준군속'의 범위로 포섭해 내는 방식이 아닌, 피해에 입각한 국가보상제도와 보훈제도는 과연 양립이 가능한 것인가. 패전국 일본의 원호제도가 우리에게 던지는 물음은 바로 여기에 있다.

5. 조국을 위해 목숨을 바친다는 것

'조국을 위해 목숨을 바친다는 것은 무엇인가'라는 물음을 받았을 때 바로 연상되는 시구가 있다. 고대 로마의 시인 호라티우스(Horatius)의 송가의 한 구절 "조국을 위해 죽는 것은 달콤하고 또 당연하다(Dulce et decorum est pro patria mori)"가 그것이다. 이 호라티우스의 시는 프랑스 혁명기의 화가 다비드가 그린 「호라티우스의 맹세」처럼 근대에 다시 소환되어 '조국을 위한 죽음'이라는 국민국가의 이데올로기적 기반을 만드는 데 기여했다.

하지만 이미 반세기 전에 역사가 에른스트 칸토로비치(E.

Kantorowicz)는 「조국을 위해 죽는다는 것은 무엇인가」라는 논문에서 호라티우스의 송가의 의미를 인정하고 인용하면서도, 바로 다음에 호라티우스와 동시대의 문필가 키케로(Cicero)의 문장을 덧붙이는 것을 잊지 않았다. 그것은 키케로가 현명한 인간에게 요구되는 덕목으로 제시한, "현명한 인간이라면, 조국과 그 유지를 위한다 해도, 해서는 안 되는 더러움이나 불명예를 수반하는 사정이 있다. … 그 때문에 현명한 인간은 그러한 사정을 '국가'를 위해서라도 받아들여서는 안 되며, '국가' 역시 그러한 사정을 받아들여서는 안 될 것."이라는 문장이다. 조국을 위한 죽음이라 하더라도 그것이 "조국을 위해서가 아닌", "무모함에 의해 전장에서 죽음을 선택한 경우나, 조국의 정의나 결백을 지키는 대신에 정의를 완전히 무시하며 조국을 위한 명예나 영광만을 추구하는 경우-그 근대적 표현이 '제국주의'일 것이다-'허위'에 불과하다는 것이 칸토로비치 주장의 핵심이었다."(이상 Kantorowicz 1951: 489-450)

칸토로비치가 서구 역사에서 조국을 위한 죽음의 관념의 변천을 검토하면서 이러한 주석을 덧붙인 이유는, 2차 세계대전을 거치면서 나치의 국가사회주의자에 의해, 혹은 이탈리아나 스페인의 파시스트에 의해 조국을 위한 죽음이 왜곡되어 가는 과정을 목도했기 때문이다. 혹은 1차 대전 당시 '조국' 독일을 위해 총을 들고 싸운 열렬한 애국주의자였음에도 유대인이라는 이유로 나치 정권 치하 독일을 결국 떠날 수밖에 없었던 망명자로서의 심정이 여기에 투영되어 있는지도 모른다. 하지만 여기에는 그보다 한층 더 커다란 의미, 즉 전쟁의 성격 자체가 달라진 '무차별 대량살육'의 현대전 하에서 '희생'이라는 관념이 근본적으로 변화하고 있음에 대한 예리한 자각이 깔려 있다. 인간의 생명이 '희생되었다'기보다는, '소멸되어 가고 있다'는 '실감'이 바로 그것이다.

조국을 위해 목숨을 바친(바치려 했던) 자들에 대한 경의가 보훈 사상의 근간이라는 것은 분명하다. 하지만 보훈은 언제나 '사후적'일 수밖에 없으며, 그 시간은 지난 전쟁에 대한 평가의 과정과 겹쳐질 수밖에 없다. 그런 점에서 전후 일본의 경험은 국민국가에서 너무나도 당연시되어 왔던 보훈 제도에 대한 하나의 상대적 관점을 우리에게 제시해준다. 전시기 '제국 일본'의 잘못된 전쟁에 대한 성찰에서 출발했던 전후 일본의 민주주의는 산화의 미학에 대한 하나의 안티테제로서 '난사(難死)의 사상'을 키워냈다. 그 사상의 핵심을 전후 일본의 반전 사상가이자 활동가였던 오다 마코토는 다음과 같이 언어화한 바 있다.

산화란 순간적인 극한 상황에서 본다면, 단순한 미(美)이자, 윤리의 반짝임일 것이다. 하지만 나는 산만해지는 것을 두려워하지 않고, 단편소설적인 방법보다 장편소설의 방법을 취해 일상적인 긴 시간의 전개 속에서 보고 싶다. … 이 전개 속에서 '난사'의 수를 증대시키고, 속도를 높이며 방향을 다양하게 변화시키는 것에 의해, 충돌, 교착의 기회를 일상적이면서 끝없이 만들어내고 싶은 것이다.(小田実, 1991: 39)

낭만주의에 대한 혐오로 보일 수 있는 이러한 오다의 제안의 배경에는 전쟁 말기 오사카에서 소년시절을 보내면서 무수한 공습과 그 결과인 폐허를 목격했던(그리고, 그 폐허를 사유와 운동의 출발점으로 했던) 오다 자신이 전쟁에 대해 가지고 있던 '실감'이 작용하고 있었다. 전시기의 군국주의에 대한 반동으로 '사적 상황'이 '공적 상황'보다 우세했던 전후 일본 사회의 분위기가 점차 냉전의 여파, 그리고 전후 보수주의의 부활과 함께 공적 상황의 우위로 바뀌어가던 1960년대 말의 일본 사회를 주시하면서, 오다는 "전승국 내셔널리즘에 대해 패전국 내셔널리즘을, 낭만주의에 대해 리얼리스틱한 눈을, '산화'에 대해 '난사'"의 입장을 가질 것을 역설했던 것이다.(小田実, 1991: 39) 난사의 사상은 전후 일본 시민사회의 반전평화운동을 지탱했던 정신적 토대이기도 했다.

　물론 이러한 시민사회의 반전평화운동이 은급 및 원호제도 전반에 대한 개혁을 만들어낼 수 없었다는 것은 전후 일본사회의 한계이자, 그만큼 국민국가에서 '보훈제도'가 갖는 민감함을 잘 대변해준다고도 할 수 있을 것이다. 전후 일본 사회의 경험은 지금까지 국민국가에서 당연시되어 온 국가를 위해 목숨을 바친다는 것의 의미를 다시금 생각하게 하는 하나의 계기를 제공해주며, 또한 민주주의 사회에서 이들을 어떻게 기억·기념해야 하는가에 대한 열린 토론의 장을 만들어줄 수 있다는 점에서 계시적이다. 지금 우리가 보훈과 민주주의를 이야기할 수 있는 공적 논의의 장을 만들어내고 있다는 것이야말로 한국 사회가 피를 흘리며 성취해 낸 민주주의 체제의 역동성을 잘 보여주고 있는 것이 아니겠는가. 보훈과 민주주의에 대한 계속된 논의의 장이 이루어지기를 기대해 본다.

방어적 민주주의와 남한의 보훈

전수미_ 숭실대학교 숭실평화통일연구원

1. 방어적 민주주의에 대한 고찰

1) 민주주의에 대하여

민주주의에서는 국민주권, 즉 치자와 피치자의 동일성 사상에 입각하여 국민을 자유롭고 평등한 개개인의 총계로 간주한다. 국민의 다수 의사 혹은 소수 의사라는 개념은 우연히 일치한 개개인의 표에 대한 사후적인 집계라고 할 수 있다. 선거에서 던져지는 각 개인들의 표는 자유롭고 독자적인 결단의 결과라는 형태로 나타난다. 선거인이 모든 사회적 구속에서 해방된 상태는 투표기재소 속에서 상징적으로 나타나는데, 선출된 어떤 의원도 자기의 양심에만 따르며, 위임에 구속되지 않고, 그 투표를 자유롭고 독자적인 결단에 의해 만들어낸다. 선거에서나 의회에서도 이 결단은 토론이라는 방법, 즉 설득과 논리적 반박에 의해 얻어진 자기확신의 결과라고 할 수 있다.

그러므로 민주주의는 '토론에 의한 정치'라고도 불린다. 사회 내 각 집단들의 자유로운 경쟁이라는 자유주의적인 이론이 이런 시각을 반영해준다.(김효전, 2007) 예를 들어 자유경쟁으로부터 공정한 가격이 형성되듯이, 자유로운 의견에 대한 논쟁으로부터 진리가 발생하고, 공정한 가격의 형성이 카르텔과 같은 집단적 가격 형성에 의해 방해가 되듯이, 진리의 관찰도 집단적인 의견 협정인 '정당'에 의해 방해받는다는 것이다.

오늘날 국가가 추진하는 중요한 개혁들은 그 개혁을 촉진하는 정부가 의회의 제안에 상관없이 국민의 수요를 직접적으로 배려 하고 인지하면서 이루어진다. 하지만 우리가 경험한 모든 선거 제도는 필연적으로 그 어떤 인공적이고 허구적인 성향으로 인해 여러 폐해가 대두되곤 했다. 예를 들어 소수파에 대한 냉대라든 가 개인들에 대한 냉대, 정당간의 부정한 타협 등이 그러한 것이 다. 또한 국민의 주권도 만인의 만인에 대한 주권이 아니며, 강 력한 정당의 약한 정당에 대한 지배로 나타난다면 다수와 소수 는 자유롭게 평등한 개개 투표의 사후적인 집계의 결과라기보다 는 각 정당이 미리 결정된 크고 작은 여러 가지의 영향력을 행사 한 것에 불과하다. 이에 따르면, 국민의 국가권력에의 직접적인 참가는 결국 선거인을 자유롭지도 않고 평등하지도 않으며 사회적 불평등을 바탕으로 독립성 없는 구성원에 불과하게 만든다고 할 수 있다.

이러한 측면에서 민주주의 국가가 토론에 의한 정치를 의미한다고 할지라도, 토론에 의한 의견 형성이 단지 소수의 범주에서 행해지며, 국민들의 의견을 반영하는 정당 간의 투쟁은 의견 투쟁이 아니라 하나의 권력 투쟁으로 전락할 수 있다. 민주주의 국가가 보여주는 선거전은 토론보다는 데모 집회나 반대자를 힘에 의해 침묵시키는 형태로 나타나거나, 상대방은 설득되는 것이 아니라 억압 또는 붕괴되는 행태도 나타난다. 이러한 개인주의적 민주주의가 아닌 집단적 민주주의 이데올로기는 독일의 나치가 독일 국민 다수의 지지를 얻어 선거로 집권한 후 수권법을 제정하여 바이마르 민주주의를 붕괴시키는 현실 정치로 나타나기도 하였다. 이러한 경험에 대한 반성으로 민주주의의 가치상대주의적 관용을 지양하고 자신을 보호하기 위한 방책으로서 '방어적 민주주의론'이 대두하였다.

2) 방어적 민주주의란

1945년 한민족은 일본으로부터 독립하였지만, 동서 냉전의 이데올로기적 대결 구조의 결과물로 남북이 분단되었다. 이러한 동서 냉전의 대결 구도는 한국의 지배 체제가 위기를 맞이할 때마다 인위적으로 재생산된다. 정치적 살풀이를 위해 국가가 칼을 휘두르기도 했고, 국가안보 논리 속에서 양자택일의 흑백논리로 정치적 희생양이 만들어지기도 했다.

민주주의에 대한 다양한 입장이 존재하는 것을 배경으로 현대 사회에서는 서로 다른 민주주의의상을 추구하는 모습을 보인다. 모든 나라의 정치체제는 각자의 체제를 민주주의로 자인하며 대내외적으로 자신의 지배 체제를 정당화하는 요소로 활용하고 있다. 대표적인 예로 북한의 공식 명칭인 '조선민주주의인민공화국'을 들 수 있다.

자의적이고 다양한 민주주의 원리와 체제 가운데 우리가 제도화한 민주주의의 행태는 어떠한 것인가. 일반적으로 우리는 헌법 전문과 제4조에 명시된 '자유민주주의' 체제로 이해하고 있지만, 사회 체제를 유지하기 위해 우리 법에서 보여주는 민주주의 행태는 방어적 민주주의 체제라 할 수 있다.

방어적 민주주의란, 민주주의를 지키거나 수호한다는 명목으로 오히려 민주주의를 파괴하거나 자유의 이름으로 자유를 파괴하는 민주주의의 적으로부터 민주주의를 방어해야 한다는 것을 말한다.* 이러한 방어적 민주주의는 독일 바이마르 시대의 역사적 경험을 배경으로 한다. 바이마르 시대 민주주의는 특정한 가치를 절대화하지 않고 어떤 내용의 가치라도 다원주의적으로 이를 수용하며, 이것에 대한 선택은 다수결에 의해 결정하면 된다는 생각 때문에, 민주주의를 부정하는 극단주의 세력인 나치는 이를 이용하여 합법적 절차인 선거를 거쳐 민주주의를 파괴했다 (양건, 2016: 115). 서독에서는 이러한 역사적 경험에 대한 반성으로 방어적 민주주의라는 개념이 등장했다. 민주주의를 민주주의의 적으로부터 보호하겠다는 민주주의의 가치는 '자유민주적 기본 질서'로 표현되었고 이는 대한민국 헌법 전문에 들어가게 된다.

일반적으로 정치학에서 근대 민주주의는 자유주의와 결합한

---

* 자유의 적에게 자유를 허용하지 말라는 호전적인 명제는 로베스피에르와 함께 자코뱅파의 대표적 인물들 가운데 하나인 생쥐스트에서 비롯된 것이다. 이에 관해서는 Johannes Lameyer(1978: 91)의 논의 참조.

'자유민주주의(liberal democracy)'로 번역하여 사용되고 있다. 이에 따라 민주주의 정치 체제는 '자유민주주의 체제'로 정의되며, 자유민주주의 체제는 자유주의에 기인되는 인간의 자유로운 활동과 민주주의에 기인되는 국민의 정치참여로 규정될 수 있다. 이때 자유주의는 자유의 유지와 확대를 희구하는 '마음의 습성(a habit of mind)'이자 정신적 태도로서(Harold J. Laski, 1936), 이러한 자유민주주의 체제는 영국과 미국을 비롯한 서구 민주주의 정치 체제가 그 전형이라 할 수 있다. 법학에서는 'liberal democracy'를 '자유주의적 민주주의'라고 번역하고 있는데,* 이는 자유주의적 민주주의와 자유로운 민주주의를 구분하기 위해서이다.

자유로운 민주주의라는 개념은 독일 연방헌법재판소가 본 기본법의 'Freiheitliche Demokratie'를 우리말로 옮겨놓은 것으로, 이를 영어로 번역하면 'Free democracy'가 된다.** 이러한 개념을 바탕으로 하면 자유민주주의(자유주의적 민주주의)란 기존의 자유

---

* 한국정치연구회 사상분과가 1992년에 펴낸 『현대민주주의론1』에서는 'liberal democracy'를 '자유주의적 민주주의'라고 옮기고 있다.
** 자유주의적 민주주의와 자유로운 민주주의에 대한 분석은 국가보안법에 대해 분석하는 본 연구의 목적을 흐리게 할 수 있다는 점에서 다음 연구에서 좀 더 구체적으로 논의하고자 한다.

주의라는 틀 안에 민주주의의 개념을 도입하고, 자유주의적 관점에서 정치적 기회의 평등으로 축소 해석한 것이라 볼 수 있다. 이러한 자유민주주의(자유주의적 민주주의)는 자유주의의 표현의 자유라는 항목에 정치적 기회의 평등을 제도적으로 구체화한 보통선거제도라는 민주주의적 요소를 가미한 것이라 할 수 있다.

2. 방어적 민주주의와 자유민주적 기본질서

1) 방어적 민주주의 적용의 배경

대한민국 헌법은 전문에서 자유민주적 기본질서를 우리 사회가 지향해야 할 최고의 규범적 목표로 설정하고 있다. 이러한 자유민주적 기본질서는 독일연방공화국 헌법인 본 기본법의 "자유로운 민주주의적 기본질서"와 그 의미 및 내용을 함께한다. 제2차 세계대전 후의 냉전 구조와 바이마르 헌법의 역사적인 경험을 집약적으로 함축하고 있는 방어적 민주주의 원리는 '자유롭고 민주적인 기본질서로 표현되었다. 우리 헌법 전문의 "자유민주적 기본질서"를 본 기본법의 "자유민주주의적 기본질서"와 동일한 의미 및 내용으로 이해한다면 , 자유민주주의는 곧 자유로운 민주주의라고 할 수 있다.

방어적 민주주의란 자유의 적에 대해 법이라는 무기로 자위할 수 있는 권리를 부여하면서, 모든 국민들과 국가기관들에게 방어적 민주주의의 보호 의무를 부여하고 이를 위반하거나 침해하는 개인과 조직 그리고 정당은 헌법상의 보호로부터 배제시킨다는 원리이다.(五十嵐仁, 1984) 이 원리는 이후 헌법에 대한 적대와 충성을 구분하는 척도이자, 정당 활동과 기본권을 제한하는 한계로서 기능해 왔다.

이처럼 서독에서 '관허적 헌법'의 상징이라 불리는 방어적 민주주의의 원리가 우리 헌법에 명문화된 것은 유신 쿠데타 중이었다. 한국은 독일과 같이 다원적 민주주의에 대한 역사적 경험이 없었다. 일본으로부터 해방이 되고 미국과 소련에 의해 남북이 분단된 상황 속에서 반공 이데올로기에 의해 민주주의가 제한되어 왔던 경험만이 있을 뿐이었다. 이러한 배경 속에서 우리에게 적용되는 독일의 방어적 민주주의 이론은 단순히 민주주의를 수호한다는 본래 취지가 아닌 기본권 제한을 위해 남용될 여지가 있다는 점을 의미하기도 한다.

실제로 한국에서는 1972년 유신헌법에서 자유민주적 기본질서를 헌법전문에 등장시켰다. 자유민주주의의 법적 표현이라 설명되는 '자유민주적 기본질서'는 1945년 해방 후 국가권력의 진공상태에서 도입된 미국식 민주주의의 다른 이름이었고, 이는 우리 사회를 움직이고 통제하는 하나의 대내적 원리로 작동하였다.(박상섭, 1987)

2) 자유민주적 기본질서

(1) 우리 헌법의 자유민주적 기본질서

우리 헌법은 헌법 전문에서 "자유민주적 기본질서를 확고히 한다"고 선언하고 있다. 제4조에서는 "자유민주적 기본질서에 입각한 통일정책을 수립 및 추진한다"고 하여 자유민주적 기본질서가 민주국가와 평화통일의 최종 목표임을 분명히 하고 있다. 자유민주적 기본질서는 1972년 제7차 헌법 개정에서 처음으로 나타났는데, 전문의 한 대목에서 민주국가의 기본목표로서 자유민주적 기본질서를 언급하였다. 이 밖에도 1972년 헌법에서는 자유민주적 기본질서와 관련하여 결코 지나칠 수 없는 중요한 규정을 두고 있다. 헌법 제7조 제3항은 "정당은 법률이 정하는 바에 의하여 국가의 보호를 받는다. 다만, 정당의 목적이나 활동이 민주적 기본질서에 위배되거나 국가의 존립에 위해가 될 때에는 정부는 헌법위원회에 그 해산을 제소할 수 있고, 정당은 헌법위원회의 결정에 의하여 해산된다."고 명시되어 있다. 또한 이러한 "정당의 목적이나 활동이 민주적 기본질서에 위배될 때에는 정부의 제소와 헌법재판소의 심판에 의하여 해산된다"고 하여 위헌정당해산제도를 두었다. 1972년 헌법부터 1960년의 헌법에 뿌리를 두고 있는 이 단서 규정의 '민주적 기본질서'를 자유민주적 기본질서로 본다면, 자유민주적 기본질서가 우리 헌법에서 나타난 것은 1960년 헌법이라 할 수 있다.

그러나 자유민주적 기본질서에 대한 학계의 분석은 의견이 분분하다. 각 학자별로 해석을 본다면 먼저 김철수 교수가 자유민주적 기본질서의 대칭 개념으로 사회민주적 기본질서의 범주를 설정한 다음, 자유민주적 기본질서는 민주적 기본질서 중에서 법치적 기본질서라고 정의한 것을 살펴볼 수 있다.(김철수, 1990) 이에 따르면 국민주권주의, 국민의 정치참여, 다수의 지배 등 이른바 민주적 기본질서의 내용과 권력분립, 개인의 기본권 보장, 형식적 법률, 사법과 행정의 합법률성 등과 같은 법치적 기본질서의 내용이 자유민주적 기본질서의 실체를 이루게 된다.(김철수, 1990) 권영성 교수는 자유민주적 기본질서를 반전체주의적 기본질서로 이해하였다. 독일연방헌법재판소가 1952년의 사회주의국가당 사건과 1956년의 독일공산당 사건에서 판시한 내용과 같다고 한다.(권영성, 1992)

여기에 헌법재판소는 자유민주적 기본질서에 대해 국가보안법 제7조 제1항 및 제5항에 대해 "그 소정의 행위가 국가의 존립·안전을 위태롭게 하거나 자유민주적 기본질서에 위해를 줄 명백한 위험성이 있는 경우에 적용된다고 할 것이므로 한정합헌결정"을 내린 바 있다. 위 결정에서 헌법재판소는 자유민주적 기본질서의 의의에 대해 "국가권력의 간섭을 배제하고, 개인의 자유와 창의를 존중하며 다양성을 포용하는 '자유주의'와 국가권력이 국민에게 귀속되고, 국민에 의한 지배가 이루어지는 것을 내용적 특징으로 하는 '민주주의'가 결합된 개념인 자유민주주의를 헌법질서의 최고 기본가치로 파악하고, 이러한 헌법질서의 근간을 이루는 기본적 가치를 '기본가치'로 선언하였다. 우리 헌법은 자유민주적 기본질서의 보호를 그 최고의 가치로 인정하고 있고, 그 내용을 통해 모든 폭력적 지배와 자의적 지배, 즉 반국가단체의 일인독재 내지 일당독재를 배제하고 다수의 의사에 의한 국민의 자치, 자유·평등의 기본원칙에 의한 법치주의적 통치질서를 선언한다. 이는 구체적으로 기본적 인권의 존중, 권력분립,

의회제도, 복수정당제도, 선거제도, 사유재산과 시장경제를 골간으로 한 경제질서 및 사법권의 독립 등을 의미한다.

(2) 독일의 자유민주적 기본질서

독일 본 기본법에서 가장 두드러진 특색은 법 세계에서 금기시되어 온 불확정 가치 개념에 대한 광범위한 진출이라고 할 수 있다. 예컨대 인간의 존엄, 헌법적 질서, 자유로운 민주주의적 기본질서 등이 이에 속한다. 이들의 불확정적인 가치 개념은 패전과 동시에 동서 냉전의 한복판에 놓이게 된 통일 이전 서독사회의 집단심리적 기제를 그대로 반영한 것이라고 하여도 과언이 아니다. 본 기본법에서 자유로운 민주주의적 기본질서의 정식이 수록되어 있는 조문은 6개이다. 본 기본법 제정 당시 세 조문에 불과하였으나 그 후 3개의 조문이 추가되었다. 기본권의 상실을 규정한 제18조와 정당불법화 조항은 제21조 제2항, 주변부의 공조청구권에 관한 조항 제91조 제1항이 첫 번째 경우이고, 편지 우편 및 전신전화의 비밀에 대한 제한 규정인 제10조 제2항, 이전의 자유를 제한하는 제11조 제1항, 연방정부의 군대출동권을 규정한 제87조a 제4항이 1968년 긴급사태 입법 때 추가된 것들이다.

이들 조항이 담고 있는 자유로운 민주주의적 기본질서에 대한 정의가 좌우에 거쳐 관심의 대상이 된 계기는 사회주의국가당 판결과 독일공산당 판결 이후였다. 이는 사회주의국가당 판결과 독일공산당 판결에서 독일 연방헌법재판소의 입장이 명확히 드러났기 때문이었다 할 수 있다. 독일연방헌법재판소는 자유민주적 기본질서를 "모든 폭력적 지배와 자의적 지배를 배제하고 그때 그때의 다수의 의사와 자유 및 평등에 의거한 국민의 자기결정을 토대로 하는 법치국가적 통치질서"라고 정의하고 있다. 그리고 그 구체적인 요소로서 인간의 존엄과 인격의 존중을 기본으로 하는 인권의 보장, 국민주권의 원리, 권력분립의 원리, 책임정치의 원리, 행정의 합법률성, 사법권의 독립, 복수정당제와 정당 활동의 자유 등을 언급한다.

독일 연방헌법재판소에서 자유로운 민주주의적 기본질서가 최초로 언급된 것은 사회주의국가당 사건 때이다. 극우 신나치스 정당에 대한 위헌 심판이 진행이 된 이 사건에서 독일 연방헌법재판소는 지도자 원리에 입각한 사회주의국가당의 내부질서가 본 기본법 제21조 제2항의 자유로운 민주주의적 기본질서에 위배되는지의 여부를 분석하며 민주주의에 대한 자신의 견해를 밝혔다.

독일 연방헌법재판소에 따르면, 형식적 합법성에 지나치게 무게를 두는 나머지 정당의 결성이나 활동에 아무런 제약을 두지 않는 자유주의적 민주주의는 시대착오적인 과거의 유물에 지나지 않는다.(BVerfGE, 1953) 따라서 자유주의적 민주주의가 이같은 합법적 물신주의를 극복하고 자기방어 능력을 갖춘 새로운 형태의 민주주의로 거듭 태어나기 위해서는, 헌법 내재적인 가치들 중에서도 헌법의 기본가치들이 우월적 지위를 확보하지 않으면 안 된다.(BVerfGE, 1953) 독일 연방헌법재판소와 더불어 이같은 관점에 서게 되면, 자유주의적 민주주의의 적극적 지양 형태로서 부르주아 민주주의의 또 하나의 가능성을 시험하게 될 이른바 자유로운 민주주의는 헌법의 기본가치들을 절대적으로 존중하는 가치피구속적 민주주의를 의미하게 된다(BVerfGE, 1953). 이와 같은 개념 규정은 지나치게 추상적이고 포괄적이어서 자유로운 민주주의적 기본질서의 법적 판단의 기준을 제대로 구현했는지는 의문이다.

독일연방헌법재판소는 독일공산당 판결을 통해 반공산주의선언이라는 비판을 받게 되었다. 이는 판결을 통해 자유로운 민주주의적 기본질서에 대해 프롤레타리아독재와의 차별성과 자유주의적 민주주의와의 차별성을 강조하였기 때문이다.(BVerfGE, 1956) 이 판결에서 독일 연방헌법재판소가 내세우는 차별성이란 인간 개체의 존엄성 및 전투적 공격성이었다. 즉 자유로운 민주주의적 기본질서의 핵심은 인간 개체의 존엄성이라는 부르주아 개인주의의 이데올로기와, 자유로운 민주주의적 기본질서는 가치피구속적이라는 나름의 질적 규정을 지렛대로, 독일 연방헌법재판소는 프롤레타리아독재에 대해서 인간 개체의 존엄성을, 자유적 민주주의에 대해서는 전투적 공격성을 부각시켰다.

3. 방어적 민주주의와 남한의 보훈

1) 반공과 민주주의, 그리고 보훈

(1) 대내외적 위기

유신체제가 성립된 1972년의 국제정세는 닉슨 독트린에 근거한 주한미군의 철수와 미국·중국·일본의 관계 정상화 움직임이 활발해지고 있었다. 특히 유신을 주도한 세력들은 주한미군 철수를 위기라고 주장하였는데, 강대국 간의 긴장 완화가 전통적인 세력 균형 상태를 연장시킴으로 인해 약소국의 안보에 위협을 가져오고, 강대국들이 약소국의 이익을 희생하면서 자국의 실리를 추구할지도 모른다는 것이다. 제한된 정보와 매체를 접할 수밖에 없었던 당시 상황에서 이러한 인식은 국민들에게도 적지 않은 설득력을 지니고 있었다.

강대국의 긴장 완화 정책은 한반도의 긴장 완화에 기여했음에도 불구하고, 미국의 주한미군 철수와 동서양 해빙 무드 속에서 유신 주도 세력들은 오히려 정권의 위기를 국가의 위기로 전환시켜 정권의 수호에 이용하려 하였다. 이것은 당시 정권이 현실적 정치 위기를 타개하려는 정치적 전략의 일환으로 볼 수 있다. 박정희 대통령은 제7대 대통령 선거에서 승리하였지만, 제8대 국회의원 선거에서는 실질적으로 패배하였다. 이는 정권 위기의 현실화가 진행되고 있었던 것으로 볼 수 있다.

이러한 위기는 1972년 7·4 남북공동성명으로 활성화되었던 남북대화가 1974년 8월 28일 북한의 일방적인 대화 중단으로 한계에 봉착하고. 당시 북한이 1973년 6월 23일 평화통일외교선언에 따라 남북 유엔 동시 가입을 주장하며 남북한의 분단 고착화 문제가 발생하게 된 시대적 배경도 작용하였다 볼 수 있다. 남북대화의 중단은 유신헌법의 통일지향성에 중대한 영향을 끼쳤다. 남북대화를 명분으로 '총화단결'을 주장하면서 정당화했던 유신체제가 흔들리게 됨으로써, 정권의 위기를 타개하기 위해 박정희 대통령은 안보 최우선의 정책, 무책임한 안보 논의 금지, 자유권의 제한을 내용으로 하는 "비상사태선언"을 하게 된다.

(2) 반공산주의론

'반공'은 분단과 6·25로 말미암아 국민의 일체감 조성과 국민의 지지를 획득하는 지배 이데올로기로 자리잡았다. 이에 따라 정치권력은 반공을 교육이념과 제도가 담당해야 할 주요 과제로 삼았다. 그리고 지배계급은 자신의 계급적 이해관계인 자본주의를 유지하는 장치로서 반공을 이용하였다. 그리고 지배 체제에 반대하는 반파시즘 세력에게도 빨갱이와 간첩의 낙인을 찍어 헌법체제의 제도 밖으로 축출시키는 수단으로 반공을 이용하였다.

한국전쟁 이후 대다수 국민이 반공 이념을 내면화시키면서 국민들에게 제시되는 안보의 명분은 정권에 의한 무제한의 권력행사를 정당화시키는 수단으로 작동하고 있었다. 특히 6·25를 기점으로 거대한 조직을 갖게 된 군부는 정권을 탈취한 후 혁명공약을 통해 반공을 국시로 삼았다. 그것은 자유민주주의를 희생시키는 한이 있더라도 북한의 군사적 위협에 대처하기 위해 국가안보를 우선해야 한다는 이유 때문이다.

이러한 배경으로 북한의 위협으로부터 자유민주주의를 방어하고 국가와 민족의 생존을 수호한다는 명목으로 헌법의 개정이 주장되었다. 유신헌법을 통한 국가권력의 강화를 필연적이라 여기며, 비상사태에 대한 대통령의 권한 강화가 추진되었다. 유신체제를 주장하는 세력들은 남북대화에 유리한 요건 조성을 위해 내부의 체제를 공고히 하고, 이를 뒷받침할 국력의 신장이 필요하다고 주장하였다.

특히 북한이 무력통일을 포기할 수 있을 정도의 국력 신장이 필요하며, 이를 위하여 유신체제로의 전환은 필연적이라고 주장되었다. 이러한 당시의 주장들은 남북대화가 진행되던 상황에서 매우 강력하게, 국론의 통일과 국력의 조직화, 그리고 국민총화를 합리화시켜 주는 기능을 담당하였다. 또한 유신체제를 정당화하기 위해 기존의 민주주의는 한국적 상황에 부적합한 것으로 주장되었다. 이는 국민총화의 달성에 장애가 되는 것으로 새로운 형태의 '한국적 민주주의'가 필요하다고 주장되었다. 한국적 민주주의는 다원주의적 자유민주주의를 기계적으로 모방하는 것이 아니라 '자유민주주의의 한국화'를 추진하는 것을 의미하였다.

2) 북한에 대한 위기 보장제도와 보훈

(1) 북한과 안보법

1961년 군사 쿠데타에 의해 정권을 탈취한 군부는 이른바 혁명 공약을 통해 반공을 국시로 삼고 지금까지의 형식적이고 구호에만 그친 반공 체제를 재정비 및 강화한다고 천명함으로써 반공 제일주의를 강조하고 나선다.(한석태, 1987) 그것은 자유민주주의를 희생시키는 한이 있더라도 북한의 군사적 위협에 대처하기 위해 군사적 안보를 우선시켜야 한다는 논리였다.(박상섭, 1987) 국가안보가 자유민주주의에 우선한다는 의식적인 주장은 북한에 대한 안보의 이름으로 기본권의 제한을 공개화한 것이었다. 안보와 치안을 우선하는 국가는 그에 대항하는 반체제 운동과 운동 주체의 존립 자체를 부인하였다. 그리고 이를 뒷받침하는 법체계는 정당 해산 조항, 기본권 제한 조항을 통해 지배의 질서를 헌법에 의해 보호하려는 의도를 함축하고 있다.

쿠데타를 통해 헌정 질서를 흔들었던 세력들은 왜 헌법에 '자유민주적 기본질서'를 규정하였을까. 이는 앞서 우리가 살펴본 독일의 본(Bonn) 기본법에서 전체주의 원리인 자유롭고 민주적인 기본질서에 위배된다. 유신 세력이 헌법에 자유민주적 기본질서를 규정한 것은 반공주의적 성격을 선취하여 헌법 질서를 재편하고 그를 통해 지배의 정당성을 확보하는데 목적이 있었다. 즉 자유민주주의를 반공주의로 등치시킴으로써 한반도 분단 상황에서 북한을 적으로 간주하고 북한과의 대치 상황을 국가적 위기상황으로 규정하여 내부적 단결과 통일을 도모하기 위함이었던 것이다.

유신헌법은 국제정치 상황에 따라 이를 능동적으로 극복하기 위해 안보의 위기 극복의 필요성을 강조하였다. 특히 북한으로부터의 안보 위협에 대처하기 위해 국력을 조직화하고 내부 체계를 공고히하는 유신체제를 국가안보 최고의 가치로 여기는 군부의 지지가 바탕이 되었다. 유신체제는 국가생존의 확보에 필요한 총력 안보 체제를 뒷받침하기 위해 인적, 물적 자원을 최우선적으로 동원하여 군사비를 확대하고, 학생 군사훈련, 민방위대를 창설 등을 추진하였다.

이러한 자유민주주의의 한국화, 즉 자유민주주의의 반공화는 폭력적인 억압의 방법을 통해 공개적으로 실현된다. 유신헌법에서 북한이라는 존재를 근거로 형법의 개정, 국가보안법, 반공법 등과 같은 정치형법을 제정하고 법집행을 통해 직접적인 폭력을 사용하기도 하였다. 북한의 위협에 대처한다는 명분을 이유로 안보 체제의 확립이라는 명목을 통해 예비군과 민방위 체제를 확립하였고, 이 또한 지배 체제 강화의 정당화에 이용하였다. 이러한 안보법들은 민주화 운동에 앞장서는 학생들을 좌경 세력과 폭력혁명 세력으로 매도하고 북한과 내통하여 자유민주주의 체제를 전복시키는 국가 안전의 위협 세력으로 규정하였다. 결국 자유 민주주의는 군부 체제의 존속을 위한 도구로서 활용되어 국가권력의 폭력을 정당화하고 '방어적 민주주의'의 행태로 변질되었다.

(2) 북한과 보훈

보훈제도의 근거 법령을 나누어 보면 보훈의 기본 법령, 직접 보훈대상자 지위를 인정하고 혜택을 부여하는 법적 근거를 정하는 법령과 보훈대상자의 지위에 관하여 간접적으로 규정하거나 영향을 미치는 법령으로 나눌 수 있다.

보훈제도의 기본 법령은 「국가보훈기본법」(2005.5.31. 법률 제7572호)이다. 보훈대상자에 대한 법률 관계를 직접 규율하는 법은 「국가유공자 예우 등에 관한 법률」과 「보훈보상대상자 지원에 관한 법률」을 꼽을 수 있다. 이들은 고유 행정 영역을 규정하는 법령이므로 법률에서 보훈대상자의 종류와 요건, 심사 절차 등에 관한 대강의 내용을 정하고 상세한 내용을 대통령령과 시행령에 위임하고 있다. 그 외에도 「독립유공자예우에 관한 법률」, 「특수임무유공자 예우 및 단체설립에 관한 법률」, 「5·18민주유공자예우에 관한 법률」, 「고엽제후유의증 등 환자지원 및 단체설립에 관한 법률」, 「참전유공자 예우 및 단체설립에 관한 법률」 등 개별 법령에서 개별 보훈대상자들에 대한 요건과 인정 절차, 혜택 등을 규정하고 있다.

간접적으로는 보훈대상자의 법률 관계나 법적 지위에 영향을 미치는 모든 법령, 그리고 보훈을 위해 물질적 보상 외의 예우와 기념사업에 관련된 모든 규정들이 법원(法源)과 같은 근거 법령의 범주에 포함된다. 헌법의 이중배상금지(헌법 제29조 제2항), 국가유공자·상이군경 및 전몰군경의 유가족에 대한 우선적 근로의 기회 부여(같은 법 제32조 제6항), 군인연금법·경찰연금법 등에 정한 보상, 상훈법 등이 있다.

국가보훈기본법은 국가보훈의 기본이념을 "대한민국의 오늘은 국가를 위하여 희생하거나 공헌한 분들의 숭고한 정신으로 이룩된 것이므로 우리와 우리의 후손들이 그 정신을 기억하고 선양하며, 이를 정신적 토대로 삼아 국민 통합과 국가 발전에 기여"하게 하는 것으로 정의하고 있다.(국가보훈기본법 제2조)

또한 희생·공헌자를 "법에서 열거하는 목적을 위해 특별히 희생하거나 공헌한 사람으로서 국가보훈관계 법령에서 정하는 적용 대상 요건에 해당하는 사람"으로 정의하면서, '일제로부터의 조국의 자주독립', '국가의 수호 또는 안전보장', '대한민국 자유민주주의의 발전', '국민의 생명 또는 재산의 보호 등 공무수행'의 네 가지를 열거하고 있다.(같은 법 제3조 제1호 각목) 결국 조문을 종합하여 도출되는 것은 국가 체제를 수호하고 국민에 헌신한 사람을 기리고 혜택을 부여하겠다는 규범적 선언이며, 국민정신 고양과 국민통합의 기능까지 함의하고 있다.(김명수, 2016)

보훈대상자 중 가장 큰 비율을 차지하는 것은 참전군인과 중장기제대군인, 전쟁 관련 전몰·전상자들이다. 당시 한국전쟁 전후 체제 경쟁이 격화되며 실제 무력 충돌이 적지 않았으므로, 친일청산이나 독립유공자를 발굴하는 일은 상대적으로 간과되며 보훈대상자는 참전용사를 중심으로 누적되었다. 단순히 보더라도 국가 체제에 위기가 오는 상황에서 적극 대응하고 희생된 사람들을 보훈자로 기리지 않는다면 국민들에게 기본적인 애국심과 충성을 확보할 수 없다. 이런 상황에서 현실을 규율하는 법제도가 군과 냉전 논리 중심으로 편성된 것은 불가피한 결과라고 할 수 있다. 현행 보훈제도는 많은 변화를 거쳤지만 이러한 역사성 위에서 형성되었으므로 이념적 지향성의 문제를 안고 있다고 볼 수 있다. 이는 북한에 대해 규정한 대법원 판례*에서도 잘 나타난다. 대법원의 판례는 북한을 "조국의 평화적 통일을 위한 대화와 협력의 동반자"이기도 하지만 다른 한편 "남·북한 관계의 변화에도 불구하고 여전히 적화통일노선을 고수하면서 우리의 자유민주주의 체제를 전복하고자 획책하는 반국가단체"로서의 성격도 아울러 가지고 있고, 그 때문에 "반국가단체 등을 규율하는 국가보안법의 규범력도 계속 유효하다"고 판시하고 있다.

결국 북한을 반국가단체로서 활동하는 규범 영역에서는 간첩 활동 및 이적표현물 반입 등 북한을 이롭게 할 수 있는 활동을 규제하고 북한의 개혁개방을 유도하는 등 민주적 기본질서에 입각하여 통일을 지향하는 법적 관계로 인식한다는 점에서, 북한을 반국가단체로 규정하여, 보훈의 당사자에 대한 문제를 이념 지향적 문제로 판정하고 있다. 특히 보훈사업이 북한을 주적으로 간주하는 군 관련 유공자 중심으로 운용된다는 점에서 향후 한반도의 미래를 도모하기 위해서는 북한에 대한 '주적' 개념을 바탕으로 한 보훈에 대한 재고찰이 필요하다.

---

* 국가보안법위반(찬양·고무 등), 대법원 2010.12.9. 선고 2007도10121 판결

(3) 민주주의와 보훈

대한민국은 2005년 「국가보훈기본법」을 통해 보훈의 대상을 1) 일제로부터 자주독립, 2) 국가의 수호 또는 안전보장, 3) 대한민국 자유민주주의의 발전, 4) 국민의 생명 또는 재산 보호 등 공무수행이라는 목적을 위해 특별히 희생되거나 공헌한 사람을 대상자로 규정하였다. 위 법 제2조에 다르면 국가보훈의 기본 이념은 "대한민국의 오늘은 국가를 위하여 희생하거나 공헌한 분들의 숭고한 정신으로 이룩된 것이므로 우리와 우리의 후손들이 그 정신을 기억하고 선양하며, 이를 정신적 토대로 삼아 국민통합과 국가 발전에 기여하는 것"이다.

그중 민주주의와 관련된 대상자는 4·19혁명 희생자와 5·18민주화운동유공자라고 할 수 있다. 4·19혁명의 경우 4·19의거로 규정되었고, 이는 1962년 「국가유공자 및 월남귀순자 특별원호법」이 규정하는 '특별원호' 대상자 범주에 들어간다. 구체적으로는 4·19의거 상이자의 경우, "1960년 4월 19일 전후 4·19의거에 참가함으로 인해 군사원호보상법 제5조의 규정에 의한 상이구분표에 해당하는 신체적 상이를 입은 사람 중 4·19의거자 원호심사위원회에서 4·19의거 상이자로 결정된 사람"으로 규정된다. 4·19혁명은 총 세 차례에 걸쳐 보훈 대상자를 선정하고 확대해 왔는데, 사망자와 유족과 부상자를 시작으로 4·19 지도자, 2000년에는 4·19혁명 공로자가 국가유공자로 인정되었다. 결국 4·19혁명 관련자들은 보훈제도에 일괄적으로 편입되어 대상자로 인정된 것이 아니라 단계적으로 그 범위가 확대되었다.

5·18민주화운동의 경우 1980년대 중반부터 5·18민주화운동 희생자에 대한 국가유공자의 예우 요구가 촉발되었고, 1989년 광부보상법과 국가유공자 인정 및 연계 문제가 대두됨에 따라 5·18민주화운동 희생자의 국가유공자 예우에 대한 논의가 활성화된다. 결국 정부와 여당에서 5·18민주화운동을 포함한 포괄적인 민주화운동의 희생자 예우에 대한 법안 마련을 추진하게 되면서 국가보훈 체계에 '민주화 유공자' 범주가 추가되어 5·18민주유공자법으로 인해 5·18민주화운동 사망자나 행불자, 부상자, 기타 희생자가 보훈 대상자로 선정된다.

앞서 살펴본 4·19혁명과 5·18민주화운동 관련자들은 1962년 4·19혁명의 경우 국가유공자라는 '특별원호'의 범주에 포함되어 국가보훈 체제로 편입한 반면, 2002년에는 5·18민주화운동 희생자들을 기존의 '국가유공자'가 아닌 '5·18 민주유공자'라는 새로운 국가보훈의 범주를 만들고 국가보훈 체제로 편입시켰다는 차이점이 존재한다. 민주주의를 확산과 수호를 위해 헌신하고 희생한 분들의 사회적 공헌에 대한 국가적 예우는 민주화보상법을 통해 민주화운동 관련자들에 대한 명예회복 및 보상으로 현재 진행 중이다.

4. 맺음말

독일은 바이마르공화국의 상대주의적 허점을 이용하여 집권한 나치에 대한 역사적 반성 속에서 방어적 민주주의를 위한 제도적 장치 중 하나인 기본권 실효제도를 도입하였다. 특정 기본권이 자유민주적 기본질서에 대한 투쟁 수단으로 남용되고, 그 결과 자유민주적 기본질서에 중대한 위험이 발생할 우려가 있을 때 그 기본권을 그들에 한해 실효시킨다는 것인데, 우리는 독일과 같이 다원적 민주주의에 대한 역사적인 경험이 없다.

남북 분단의 상황 속에서 국가의 보훈정책은 시대적 변화를 반영하며 발전해 왔다. 1960년대에는 반공 이데올로기에 의해 민주주의가 제한되어 왔던 경험이 있다. 이러한 우리의 현실 속에서 방어적 민주주의의 이론을 적용하는 것은 기본권의 제한에 남용 내지 악용될 우려가 있다는 점에 대한 고민이 필요하다. 그럼에도 우리 헌법에 자유민주적 기본질서가 헌법 전문에 등장한 것은 1972년 유신헌법 때이고, 그 당시 자유민주적 기본질서는 전통적인 민주주의 원리나 독일의 반전체주의 원리인 자유롭고 민주적인 기본질서를 상정한 것이 아니었다. 자유민주주의를 반공주의로 등치시킴으로서 정권의 정당성을 확보하고 반대 세력들을 탄압하기 위한 수단으로 악용했던 것이다.

한마디로 방어적 민주주의가 상정한 민주주의 적, 자유의 적이라고 할 수 있는 파시즘적 군부독재에 의해 방어적 민주주의가 역으로 사용되었다. 1961년 한미방위협정에 이어 반공법과 사회안전법을 제정하였으며, 1971년 국가보위에 관한 특별조치법, 유신헌법이 긴급조치권을 규정하여 안보법 체계를 확립하게 된다. 이에 대한 연장선상에서 '반공'을 축으로 하는 남한의 보훈법 체계 또한 국가안보를 최우선의 가치로 여기고 북한에 대한 적대적 분노를 바탕으로 하는 반공산주의를 바탕으로 한다.

이러한 국가보훈정책은 1985년 독립과 호국, 민주화 영역을 포괄하는 국가보훈처로 격상되면서 사회와 시대적 변화에 맞춰 보훈의 대상과 범위를 재규정하고 확대해 왔다. 단적인 것이 민주 유공자가 보훈의 대상에 포함되었다는 사실이다. 1962년 4·19혁명 관계자들이 국가유공자로 편입되었으며, 2002년에는

5·18민주화운동 관계자들이 광주민주유공자로 보훈체제 속에 편입되었다. 이는 국가보훈정책이 1961년 돕고 보살피는 '원호'(援護)에서 '예우'로 변화하면서 유공의 범위를 '민주'까지 확대하여 왔음을 반증한다.

2021년 7월 27일은 휴전협정 68주년이다. 아직까지 남한의 보훈을 포함한 안보법들은 방어적 민주주의에 근거하여 북한을 휴전선 이북 지역을 불법적으로 점령하고 있는 '반국가단체'로 규정하고 철저한 냉전과 반북을 전제로 하고 있다. 하지만 보훈은 4·19혁명과 5·18민주화운동에 대해 민주유공자로 인정함으로써 민주주의의 확산과 공고화를 위해 헌신하고 희생한 분들의 공헌을 국가 차원에서 예우하는 쪽으로 그 목적과 방향의 변화 또한 추진 중이다. 이는 보훈이 남북 갈등, 남남 갈등이라는 사회 갈등을 유발시킬 수도 있지만, 동시에 민주주의와 인권 신장을 촉진하고 국민통합과 민주주의 발전에 기여할 수 있는 동인으로 작용할 수 있음을 보여준다. 이러한 관점에서 국가를 위한 희생과 공헌에 대한 예우와 보상을 이룩하는 '보훈'에 대해 국민적 공감대 형성, 보훈과 민주주의의 발전이라는 상관관계에 대한 재성찰이 필요할 것으로 보인다.

국가보훈 속 '민주' 영역의 고찰

임수진_ 보훈교육연구원

우리 사회에서 통칭하는 '보훈'은 사실 '국가보훈'의 준말이다. 서문에서 살펴보았듯이 우리 사회 보훈의 정의는 「국가보훈기본법」을 따르고 있다. 보훈을 대표하는 독립, 호국, 민주의 가치들 모두 이 법령에 근거해 논의된다. '독립'은 일제로부터 민족의 해방, '호국'은 6·25를 포함하는 국가 영토의 수호, '민주'는 4·19, 5·18을 중심으로 이루어 낸 자유민주주의의 정착·발전으로 정리할 수 있다. 이를 통해 보면 독립, 호국, 민주의 가치들이 사회적으로 크게 주목된 시기는 서로 다른 시대적 배경에 따른 것이었음을 확인할 수 있다. 독립의 경우 1945년 이전 일제치하 시기, 호국의 경험은 6·25전쟁 등 1950년대 전투·전쟁을 통해, 민주는 1960년대 이후 독재정권에 대한 대항의 경험을 통해 보다 강조되었다.

이들 세 가치는 지향하는 주요한 지점에서도 차이를 보인다. 독립이 민족국가로서 주체적인 주권의 쟁취, 호국이 안전한 국가 영토의 수호, 민주가 사회 내부 구성원들 개개인의 자유롭고 평등한 주체성의 보장이라 논한다면, 독립, 호국의 가치는 근대 국가 특유의 '국가경계'에 대한 강조, 민주는 사회 내부 개인 주체의 자율성과 평등성을 강조하는 '개인' 또는 '사회'를 중심으로 고려되는 가치라 볼 수 있다. 보훈 영역 속 '민주'의 가치는 좀 더 복합적이다. 보훈의 대상에 '민주' 행위의 포함 여부를 놓고서도 이견이 존재할 뿐 아니라, 이에 대한 처우의 공정성을 놓고서도 서로 다른 의견이 존재하기 때문이다. 이러한 논란 속에는 우리 사회 '민주'의 가치를 중심으로 나타나는 사회 구성원 사이 이해의 간극이 작용하고 있다. 사실 2000년대 이전까지 보훈 영역 속 '민주'와 관련된 경험은 1960년 4·19혁명에 제한되어 있었다. 박 정희정권 시기 '군사원호'의 확장 속 부차적인 차원에서 4·19혁명 관련 인사들이 국가유공자로 편입되었고, 이는 '호국'을 중심으로 구축된 보훈 영역 속 일부로서 간주되어 왔다.

보훈 영역 속 민주의 가치가 대두된 것은 1980년대 우리 사회 민주화운동이 격화되고 정권이 변화한 이후부터였다. 1987년 6월 민주항쟁 이후, 사회 전반적으로 민주화에 대한 대중담론이 부상하며 사회 개혁의 요청이 격화되었다. 이에 '문민정부'를 표방하는 김영삼정부가 1992년 들어서면서 군 중심의 정책적 잔재와 비민주적 제도를 대대적으로 개혁하는 정책이 추진되었다. 보훈제도 역시 개혁의 주요 대상이었다. 이에 기존 군사 유공자 중심의 보훈법이 재정비되며 보훈 대상자를 확대하는 법 개정이 이루어졌다. 이에 「독립유공자 예우에 관한 법률」(1995.1.1.)이 시행되었고, 이러한 조류 속에서 2000년대 들어 민주화 운동 관련 인사 역사 보훈 대상에 광범위하게 포함될 수 있었다.

보훈의 개념 속 민주의 가치가 획기적으로 주목을 받게 된 국면은 잘 알려져있듯, 2000년대 김대중정부가 들어서면서부터였다. 김대중정부 시기 민주화운동에 대한 제도적 차원의 인정과 우대 방안이 적극적으로 마련되며, 보훈제도 역시 이에 맞춘 「광주 민주유공자 예우에 관한 법률」(2002.1.26, 이하 '민주유공자법')이 제정되었다. 광범위한 차원에서 민주화인사에 대한 제도적 관심은 2000년 5월 13일 「민주화운동 관련자 명예회복 및 보상 등에 관한 법률」(이하 '민주화 보상법')을 통해서 나타났다. 「민주화 보상법」은 그 목적으로 "민주화운동과 관련하여 희생된 자와 그 유족에 대하여 국가가 명예회복 및 보상을 행함으로써 이들의 생활 안정과 복지 향상을 도모하고, 민주주의의 발전과 국민화합에 기여"하는 것으로 규정되었는데(민주화 보상법[시행 2000.5.13.]", 제1조 "목적"), 이를 통해 보훈의 대상에 '광주민주화유공자'(5·18민주화유공자)가 "민주주의 발전과 국민화합에 기여"

한 이들로서 국가와 사회에 공헌한 인사로 포함될 수 있었다.

「민주유공자법」에서 '예우의 기본이념'(제2조)은 "우리 대한민국의 민주주의와 인권의 발전에 기여한 광주민주화운동은 우리들과 우리들의 자손들에게 숭고한 애국·애족정신의 귀감으로서 항구적으로 존중되고, 그 공헌과 희생의 정도에 대응하여 민주화유공자와 그 유족 또는 가족의 영예로운 생활이 유지·보장되도록 실질적인 지원이 이루어져야 한다"고 명시되어 있다. 이를 고려하면, 민주유공자에 대한 보훈의 주요한 근거는 "민주주의의 숭고한 가치를 널리 알려 민주 사회의 발전에 기여"한 것으로서 생각할 수 있다. 민주화유공자가 보훈 대상에 대거 포함됨에 따라, 사회 전반적으로 국가유공자를 크게 '독립유공자', '호국유공자(참전유공자)', '민주화유공자' 세 집단으로 세분화 및 분리하는 별도법을 제정하여야 하는 것이 아니냐는 논의도 나타났다. 이러한 논의 속에서 '호국'과 '독립'의 가치에 집중되어 있었던 기존의 보훈 개념 속, 4·19의거자들을 통해 부차적으로 포함되어 있던 '민주'의 가치가 크게 부상하게 되었다.* 그러나 이와 같은 '민주' 가

---

* "정부와 국민회의는 16일 현행 「국가유공자 예우 및 지원에 관한 법률」로 획일화된 '국가유공자'를 '독립유공자', '호국유공자', '민주화유공자'로 세

치에 대한 새로운 강조는 사회 내 많은 이견을 발생시켰다.

민주화운동 관련자들을 국가유공자로 지정하는데 대한 보훈단체
등 기존 유공자단체들의 반발이 거세지면서 법 제정 작업이 진척
을 보이지 못하고 있다. … 민주화운동 관련자들이 요구하고 있
는 국가유공자 지정문제에 대해서는 호국단체들의 반발을 감안,
현행 「국가유공자 예우 및 지원에 관한 법률」을 폐기 또는 개정,
▲독립유공자 ▲호국유공자 ▲민주화유공자 등으로 3분화해 별
도의 법안을 마련한다는 계획을 추진중에 있다.(《연합뉴스》, 1999b)

정부와 민주당은 '민주화유공자 예우에 관한 법률안'의 적용 대
상과 관련해 우선 5·18 유공자만 대상으로 한 법안을 만들어 4월
임시국회에서 처리키로 했다. … "일반 민주화유공자의 경우 대
상자 선정의 공정성과 정확성 등 논란이 있어 일단 이번엔 민주
화유공자예우법 대상에서 제외하고 다음 입법 기회에 검토하기
로 정부측과 합의했다"고 밝혔다. … "과거 정권들이 집시법 보

분화, 별도의 법률을 제정, 특성에 맞도록 예우.지원하는 방안을 추진 중이
다."(《연합뉴스》, 1999a)

안법 형법 등을 남용해 민주화 세력을 탄압했지만, 결과만 보면 이들은 실정법을 위반한 범죄인"이라며 "이들이 민주유공자로 분류된다면 법치의 의미가 혼란에 빠지게 된다"고 지적했다. … "민주화운동 대상 기간을 69년 8월 7일 이후로 정해 건국 초기부터의 민주화운동 희생자를 제외하는 것은 논리상 맞지 않다"며 "6·25 전이나 베트남전 참전 군경 등 호국유공자 예우와의 형평성도 중요하게 고려해야 한다"고 주장했다.(《동아일보》, 2001a)

민주당이 이 법안 처리를 서두르는 것은 5·18 기념식 전에 광주 민주화운동 관련자들의 숙원을 풀어야 한다는 당 안팎의 압력이 거세기 때문. 김대중(金大中) 대통령도 최근 이 법안의 처리를 촉구했다. 반면 한나라당과 자민련은 참전 군인이나 고엽제 단체측의 항의로 인해 이 법안 처리에 선뜻 동의하지 못하고 있다. 이 법안이 통과될 경우 5·18 관련자에게 지급되는 혜택(5·18 광주 민주화운동 보상법에 따른 지원금 포함)이 참전 군인 등 기존 국가유공자들이 받는 혜택보다 많아져 형평성 문제가 제기될 수 있기 때문이다.

이에 따라 한나라당과 자민련은 이 법안을 처리하려면 기존 국가유공자에 대한 혜택 수준을 높이고, 국가유공자 인정 범위도

확대해야 한다고 요구하고 있다.(《동아일보》, 2001b)

    논의의 쟁점에는 독립유공자, 참전유공자, 민주화유공자 사이의 이념적 이질감, 그리고 독립, 호국, 민주 세 가치 사이에 존재하는 '국가-사회'의 존재론적 긴장이 있다. 독립유공자 공헌 행위의 핵심은 제국주의로부터의 독립을 통한 주권의 회복이었고, 참전유공자 공헌 행위의 핵심은 외침으로부터의 국토 수호를 통한 안정적 생활기반의 마련에 있었다. 즉, 독립과 호국의 가치는 근대국가 차원에서 민족 주권을 회복하고 자치를 실현할 수 있는 영토를 수호하여 안정적인 정치 공동체를 수립하는 것에 방점을 둔 가치들이었다. 반면 민주화유공자의 경우 국가 및 정부의 수립 이후 풀뿌리적 차원에서 사회구성원 개개인의 정치·경제·사회적 권리 및 자율성을 보장받는 사회 내부 개인의 권리 확보 및 행사와 관계되었다. 이를 통해 보면, 민주의 가치는 잠재적으로 정치 엘리트와 일반 대중 사이 어느정도의 긴장을 상정한다고 논할 수 있다. 특히, 우리 사회의 경우 민주의 가치를 중심으로 집권 정부와 일반 시민 사이 급진적인 무력 투쟁이 있었고, 이는 사회 내부 구성원들 사이 극심한 갈등과 분열로 비화되기도 하였다. 이에 따라 독립, 호국, 민주 세 가치를 통합적·일원적 차원에서 하나의 개념 속에 배치하는 것은 이해와 합의의 차원에서 사회적 어려움이 존재할 수밖에 없었다. 또한 이들을 정책화·제도화 하는 과정에서 세 가치를 중심으로 형성된 보훈 대상 집단에 대한 실질적인 처우 문제 역시, 보상수준의 형평성과 공정성에 대한 사회적 합의가 미성숙한 가운데 법제화되게 됨에 따라 논란은 격화될 수밖에 없었다.(《동아일보》, 2001c)

〈그림 1〉 2002년 민주유공자예우법 제정 이후의 보훈의 주요 의미 장

(계열관계의 장)	(통합관계의 장)
· 내용: 예우, 생활안정, 복지향상 · 대상: 전몰·상이군인(장병·상병) 또는 경찰, 애국지사, 4·19 의거상이자, 월남귀순자, 공무원(순직·공상), 국가사회발전특별공로(상이)자, 5.18민주유공자 · 가치: 호국, 독립, 민주	· 국가를 위해 공헌, 희생 · 애국정신의 귀감, 항구적으로 존중, 영예로운 생활 유지·보장, 보호, 생활조정, 보상, 보답 등 · 호국 – 반공, 조국수호, 국경안전 　독립 – 조국, 자주독립, 민족정기 　민주 – 희생자, 민주주의, 시각차, 대타협, 대화합, 치유
(역사적 사실)	(기능적 반의어)
· 제주4.3, 한국전쟁/6.25전쟁 · 일제강점, 3.1운동 등 독립운동, 해방 · 4·19혁명, 이승만정권 퇴진, 5.18민주화운동, 전두환정권 퇴진, 김영삼정권, 김대중정권	· 북한, 공산주의, 북한괴뢰집단 · 일본, 제국주의 · 독재정권, 부정, 불의, 부패, 군부, 학살

보훈

2000년대 이후 '보훈'을 중심으로 형성된 주요 의미 장을 확인하여 보면 이러한 분위기를 명확히 확인할 수 있다〈그림 1〉.*
2000년대 '민주'의 가치가 대두되며, '시각차', '대타협', '대화합'과 같은 어휘들이 의미의 장 안에 출몰하였다. 이전까지 보훈의 개념과 연계되는 주요한 반대 개념(기능적 반의어)은 '북한', '공산주의', '일본', '제국주의' 등으로 한국사회 외부 존재와 관련된 것들이었다. 그러나 보훈 속 민주의 가치가 부상하며, 보훈 개념 내부 정치 엘리트가 잠재적 대항 존재로서 위치지어지게 되었다. 보훈의 의미 장 내에 '민주'의 반대 개념으로서 '독재정권'이 존재했지만, 이는 과거적 개념으로 존재했다. 그러나 2000년대 민주 가치의 부상과 함께 '보훈'의 의미 장 내부 반대 개념으로서 현재적 차원의 정치 엘리트가 잠재적 대항 존재로서 위치하게 된 것이다.

---

* 이 그림은 라이하르트(Rolf Reichardt, 1998)의 개념의 '의미 장' 도식에 따라 우리 사회 '보훈'을 중심으로 구성된 의미 장을 정리한 것이다. 코젤렉의 개념사 연구를 잇는 라이하르트는 개념의 '의미 장'으로 개념을 구성하는 네 가지 요소로서, 1) 계열관계의 장, 2) 통합관계의 장, 3) 역사적 사실, 4) 기능적 반의어를 거론하였다. '계열관계의 장'이란, 하나의 개념을 직접적으로 정의하는 단어들과 유의어를 함께 살펴보는 것을 말하고, '통합관계의 장'은 이들 개념의 내용을 설명하는 단어들을 살펴보는 것, '역사적 사실'은 개념을 구성하게 된 사회 실제적 사건들을, '기능적 반의어'는 이 개념 구성의 반대개념 체계를 각각 의미한다. 자세한 내용은 임수진(2021)의 글 참조.

그렇다면 보훈 영역 속 민주의 가치를 우리는 어떻게 이해해야 하는가? 보훈의 가치는 변화하는 시대적 환경 속 우리 사회의 공동체적 관심과 필요에 따라 계속적으로 보완·정립되어 왔다. 시대적 변화 속 국가-사회를 둘러싼 환경의 변화에 따라 구성원들이 인식하는 주요한 공동체적 가치는 변화하여 왔다. 이 인식의 변화가 보훈의 가치체계에 영향을 미치게 된 것이다.

근대와 탈근대의 역사를 살펴보면, 국가 경계가 확정된 이후 사회 안정화 차원에서 구성원들의 정치·경제·사회적 권리 문제가 대두되었고, 그 속에서 거대 국가 또는 정부 권력에 대응하는 개개인의 집단으로서 '사회'의 존재가 부상하였다. 이를 고려할 때, 우리 사회 보훈 개념에서 나타나는 독립, 호국, 민주 가치의 부상은 '근대국가' 기틀의 확립과 이후 공동체 구성원 개개인의 권리가 중시되는 '사회'의 발전 과정에 따라 나타난 모습이라 논할 수 있다.

보훈의 개념 속 '호국'과 '독립'은 해방 이후 우리 사회에서 비교적 오랜 역사성을 지니고 사회 구성원의 주요한 가치로서 존재해 왔다. 이는 외부에서 우리 사회를 위협한 명확한 대항 세력에 대한 한국인의 비교적 일관된 인식에서 확인할 수 있다. 이에 비해 민주 가치의 경계구획은 불명확하다. 이는 공동체 구성원

사이 권력의 작동과 개인 자율성의 보장을 중심으로 그 경계가 유동적으로 변화할 수 있기 때문이다. 이를 고려할 때, 우리 사회 내 '민주' 또는 '민주주의'의 개념을 좀 더 구체적으로 생각해 보는 것은 매우 중요한 일이라 할 수 있다. 정치이념적으로 편향되거나 이익집단을 대변하기 위한 논리적 근거가 아니라, 우리 사회와 국가의 근간이자 목표인 자유로운 민주사회 건설이 구체적으로 무엇이고, 이를 위한 유공자들의 희생은 무엇이었으며, 희생을 감수한 이들의 목적은 정확히 어디에 있었는지를 구체적으로 생각하고 논의할 필요가 있다.

이러한 고려 속에서 이 책에서는 우리 사회뿐 아니라 아시아의 여러 사회를 조망하며 각 사회에서 나타나는 보훈행위의 모습과 그 안에서 살펴볼 수 있는 민주의 가치를 심도 있게 고찰해보고자 하였다. 이 책에서 소개된 아시아의 여러 사회들에서 나타나는 보훈과 민주의 연결고리를 살펴보면 우리 사회의 모습이 더욱 명료하게 파악될 것이다. 우리 사회 보훈 영역 속 민주의 가치가 수용되고 부상할 수 있었던 것은 풀뿌리 차원에서 나타난 시민들의 권리 행사를 위한 부단한 노력과, 이에 대한 정치 엘리트 차원의 수용이 있었기 때문이다. 민주의 가치는 한 사회 내 권력/권리 행사의 주체성을 고려할 수밖에 없고, 이는 결국 '개인 주체'

-'정치 엘리트'-'공동체로서의 사회'-'물리적 경계로서의 국가' 사이의 분리와 연대, 갈등과 협력의 상황들을 계속적으로 주목하게 만든다. 이 책의 여러 집필진들 역시 이러한 고려 속에서 국가-사회(서운석, 이경묵, 전수미), 명예/영광-정의/결백(이영진), 이념국가-민족국가(심주형) 사이의 경계와 전환에 대해 질문했다 할 수 있다. 이러한 질문들을 단순히 사회적 충돌이나 이견을 유발하는 불안의 요소로서 간주해서는 안 될 것이다. 이는 사회를 구성하고 사회 내에서 행위하는 개인들 각각이 안전하고 평등한 삶을 보장받고, 이를 통해 좀 더 안정적이고 견고한 국가의 틀을 구축하고 지켜내기 위한 적극적 사고이자 행동으로 고려할 수 있다.

서로 다른 시대적 환경 속에서 사회가 필요로 하는 주요한 가치들은 유동적으로 변화할 수밖에 없다. 변화하는 사회 속에서 이러한 경계와 분절의 지점은 계속적으로 나타날 것이다. 이에 따라 사회 속 개인들은 계속적으로 선택의 상황에 직면하게 될 것이다. '나'와 함께 '우리' 모두가 자유롭고 평등하고 안전하게 살아가기 위해, 우리 사회와 국가가 어떻게 발전되어야 할지, 현재의 발전된 우리 사회를 만든 보훈의 역사와 그 속에서 발전하는 민주의 가치를 통해, 우리 모두 함께 본서를 통해 고찰하고 구상할 수 있기를 소망한다.

□ 한국의 보훈과 민주주의_ 서운석

국가보훈처, 2011, 『보훈 50년사』, 서울: 국가보훈처.

국가보훈처, 2012, 『호국보훈으로 하나된 튼튼한 국가』, 서울: 국가보훈처.

국가보훈처, 2017, 『2017년도 국가보훈처 나라 사랑의식지수 조사 보고서』, 세종: 국가보훈처.

김종성, 2005, 『한국보훈정책론』, 서울: 일진사.

김종성, 2017, 「국가유공자 보상 및 예우 강화」, 『행정포커스』 130.

서운석, 2017, 「우리사회 미래세대의 민주주의 관련 인식 분석」, 『보훈연구』 6(2).

서운석, 2018a, 「19대 정부 초기 선양정책 검토」, 『공공사회연구』 8(2).

서운석, 2018b, 「지방정부의 보훈정책 검토-서울시 보훈종합계획을 사례로」, 『보훈연구』 7(2).

서운석, 2020a, 「중국지역 독립유공자 및 후손의 선양정책 연구」, 『한국보훈논총』 19(3).

서운석, 2020b, 『가족과 함께하는 보훈교실』, 서울: 모시는사람들.

시사저널, 2020, 「국민 75% '민주화운동'도 보훈대상 소방·경찰 공무수행보다 동의」, 1654. (http://www.sisajournal.com/news/articleView.html?idxno=219815).

유호근, 2017, 「UN참전국과 보훈외교 강화」, 『행정포커스』 130.

피엔씨글로벌네트웍스, 2019, 『2020년 민주운동 10년 주기 기념사업 기본구상 연구』, 세종: 국가보훈처.

한겨레, 「모든 세대가 한국 민주주의에 부정적인 평가」, 2017.06.28.

한겨레, 「민주화 사망·부상자 예우는 '국가 미래' 위한 일이죠」, 2017.06.10.

한양대학교 산학협력단, 2018, 『민주화운동 관련자의 민주유공자 예우에 관한 연구』, 세종: 국가보훈처.

형시영, 2017, 「독립유공자 예우 확대 및 독립운동시설물 관리 강화」, 『행정포 커스』 130.

Gallup International, 2020, 『민주주의와 선거 관련 인식』, 서울: Gallup.

사진 출처: 국가보훈처 누리집 https://www.mpva.go.kr/mpva/index.do.

□ 애국, 보훈 그리고 민주주의_ 이경묵

가라타니 고진, 조영일 옮김 2005, 『근대문학의 종언』, 도서출판 b.

고부응, 1997, 「식민 역사와 민족공동체의 형성」, 『문화과학』 13.

고부응, 2005, 「균열된 상상의 공동체: 베네딕트 앤더슨의 민족과 민족주의 이론」, 비평과 이론 10(1).

김형준, 2001, 「공용어의 확산과 이슬람화에 따른 인도네시아 자바어의 변화」, 『사회언어학』 9(2).

독수리 유격대 기념 사업회, 김창주 엮음, 2012, 『포천의 의병 군번 없는 영웅 호국성 독수리 유격대』, ㈜보림에스앤피.

양승윤, 1990, 『인도네시아 정치론』, 명지출판사.

양승윤 편저, 2010, 『인도네시아사』, 한국외국어대학교 출판부.

이찬수 전수미 이재승 김선 김희정, 2020, 『보훈의 여러 가지 얼굴』, 모시는 사람들.

조나단 컬러, 이은경 임옥희 옮김, 1997, 『문학이론』, 동문선.

해리 하루투니언, 강내회 옮김, 2008, 『유령 같은 비교들』, 토마스 라마르, 강내회 편, 『근대성의 충격들』, 문화과학사.

한국민족문화대백과 사전, "국민의 기본의무" http://encykorea.aks.ac.kr/Contents/Item/E0006313

한국번역학회, "교과서 최대의 오역- 민주주의 대장전 링컨의 게티즈버그 연설문" http://kats.or.kr/bbs/board.php?bo_table=s0502&wr_id=61 (2021.08.19 접속)

Anderson, Benedict, 1991, Imagined Communities: Reflections on the Origin and Spread of Nationalism, New York: Verso.

Anderson, Benedict, 1996, "Language, Fantasy, Revolution: Java 1900-1950", in Daniel S, Lev and McVey, edited, Making Indonesia: Essays on Modern Indoneisa in Honor of George Mct, Kahin, pp26-40, Cornell University.

Anderson, Benedict, 2003, "Responses", Peng Cheah and Jonathan Culler edited, Grounds of Comparison: Around the Work of Benedict Anderson, pp 225-245, New York and London: Routledge.

Herzfeld, Michael, 2004, Cultural Intimacy: Social Poetics in the Nation-State, Routledge.

Siegel, James T, 1997, Fetish, Recognition, Revolution, Princeton, New Jersey:Princeton University Press.

Soekarno, trans, by Karel H, Warouw and Peter D, Weldon, 1970, Nationalism, Islam and Marxism, Modern Indonesia Project, Southeast Asia Program.

□ "공이 있는 사람들의 은혜를 알자"_심주형

심주형, 2017, 「정처없는 애도, 끝나지 않은 전쟁: 1968년 '후에학살'에 관한 기억의 정치」, 『한국문화인류학』 50(2).

심주형, 2020, 「탈냉전(Post-Cold War) 시대 '전쟁난민' 재미(在美) 베트남인들의 문화정치: 비엣 타인 응우옌의 저작들을 중심으로」, 『東方學志』 190.

Bảo Ninh, 1995, The Sorrow of War: A Novel of North Vietnam, New York: Pantheon Books.

Chanda, Nayan, 1988, Brother Enemy: The War after the War, New York: Collier Books.

Dân trí, 2020년 8월 27일, "Bộ trưởng Bộ Cứu tế Nguyễn Văn Tố và những chính sách xã hội đầu tiên"

Đầu tư, 2021년 7월 2일, "Lịch sử, ý nghĩa của ngày Thương binh Liệt sĩ 27/7".

Điện Biên TV, 2017년 7월 10일, "Nghĩa trang liệt sỹ - Nơi ấm áp tình người".

Duiker, William J., 2000, Ho Chi Minh: A Life, New York: Hyperion,

Goscha, Christopher, 2016, Vietnam: A New History, New York: Basic Books.

Grossheim, Martin, 2021, "Reunification without Reconciliation?: Social Conflicts and Integration in Vietnam after 1975." 『인문논총』 78(2).

Gunn, Geoffrey C., 2014a, ""Mort Pour La France': Coercion and Co-Option of 'Indochinese' Worker-Soldiers in World War One." Social Scientist 42(78): 63-84.

Gunn, Geoffrey C., 2014b, Rice Wars in Colonial Vietnam: The Great Famine and the Viet Minh Road to Power, Lanham, Maryland: Rowman&Littlefield.

Litzinger, Ralph A., 1998, "Memory Work: Reconstituting the Ethnic in Post-Mao China." Cultural Anthropology 13(2).

Hiến pháp Nước Việt Nam Dân chủ Cộng hòa 1959.

Hiến pháp Nước Cộng hòa Xã hội Chủ nghĩa Việt Nam 1980.

Hiến pháp Nước Cộng hòa Xã hội Chủ nghĩa Việt Nam 1992.

Hiến pháp Nước Cộng hòa Xã hội Chủ nghĩa Việt Nam 2013.

Hồ, Chí Minh, 2011a, Hồ Chí Minh Toàn Tập - Tập 4: 1945-1946, Hà Nội: Chính trị Quốc gia-Sự Thật

Hồ, Chí Minh, 2011b, Hồ Chí Minh Toàn Tập - Tập 5: 1947-1948, Hà Nội: Chính trị Quốc gia-Sự Thật.

Malarney, Shaun Kingsley, 2001, ""The Fatherland Remembers Your Sacrifice": Commemorating War Dead in North Vietnam" pp, 46-76 In The Country of Memory: Remaking the Past in Late Socialist Vietnam, edited by Hue-Tam Ho Tai, Berkely and Los Angeles, CA: University of California Press.

Nghị định số 136-CP, 1966년 7월 22일, "Thành lập Ban điều tra Tội ác Chiến tranh của Đế quốc Mỹ ở Việt Nam."

Nguyễn, Bá Hoan, 2021년 7월 17일, "Hoàn thiện chính sách ưu đãi người có công với cách mạng, nâng mức trợ cấp phù hợp với điều kiện kinh tế của đất nước" Tạp chí Cộng Sản.

Sắc lệnh số 20/SL, 1947년 2월 16일, "Chế độ Hưu bổng Thương tật và Tiền tuất Tử sĩ."

Số 36-L/CTN, 1994년 9월 10일, Quy đ ịnh Danh hiệu Vinh dự Nhà Nước "Bà
　　Mẹ Việt Nam Anh hùng."

The Diplomatic Affairs, 2020년 3월 21일, "Vietnam; The rising star of South-
　　East Asia."

□ '영령(英靈)'에서 '평화의 초석(平和の礎)'으로_ 이영진

이영진, 2018, 『죽음과 내셔널리즘』, 서울: 서울대학교출판부.

赤澤史朗, 2005, 『靖国神社: せめぎあう〈 戦没者追悼 〉のゆくえ』, 東京: 岩波
　　書店.

一ノ瀬俊也, 2004, 『近代日本の徴兵制と社会』, 東京: 吉川弘文館.

一ノ瀬俊也, 2005, 『銃後の社会史: 戦死者と遺族』, 東京: 吉川弘文館.

오누키 에미코(大貫惠美子) 저, 이향철 역, 2004, 『사쿠라가 지다, 젊음도 지다:
　　미의식과 군국주의』, 서울: 모멘토.

大原康男, 1993, 『神道指令の研究』, 東京: 原書房.

小田実, 1991[1969], 「「難死」の思想: 戦後民主主義・今日の情況と問題」, 『同時
　　代ライブラリ「難死」の思想』, 東京: 岩波書店.

神島二朗, 1961, 『近代日本の精神構造』, 東京: 岩波書店.

小泉八雲, 1928, 「叶へる願」, 『小泉八雲全集』第5券, 東京: 第一書房.

厚生省援護局[編], 1977, 『引揚げと援護三十年の歩み』, 東京: 厚生省.

田中伸尚・田中宏・波田永実, 1995, 『遺族と戦後』, 東京: 岩波書店.

角田三朗, 1977, 『靖国と鎮魂』, 東京: 三一書房.

橋川文三, 1985[1961], 「テロリズムの精神史」, 『橋川文三著作集5』, 東京: 筑摩
　　書房.

矢野敬一, 2006, 『慰霊・追悼・顕彰の近代』, 東京: 吉川弘文館.

吉見義明, 1992, 「占領期日本の民衆意識: 戦争責任論をめぐって」, 『思想』No,
　　811, 東京: 岩波書店.

青柳一郎(軍事保護院援護課長), 1941, 「戦没者遺族援護事業について」, 軍事保護
　　院編, 『遺族家族指導嘱託講習会講義録』, 1941/一ノ瀬俊也, 2005, 122
　　에서 재인용.

『探究錄: 中尾武德遺稿集・戦没学生の手記』; 오누키 에미코, 2004, 370에서 재
인용.

Anderson, Benedict, 1998, *The Spectre of Comparisons: Nationalism,
Southeast Asia and the World*, London, New York: Verso.

Comaroff, Jean, and John L, Comaroff, 1991, *Of Revelation and Revolution:
Christianity, Colonialism, and Consciousness in South Africa*, Vol, 1,
Chicago: University of Chicago Press.

Dower, John, 1999. *Embracing Defeat: Japan in the Wake of World War
II*, New York: W, W, Norton & Company, Inc.

Geertz, Clifford, 1980, *Negara: The Theatre State In Nineteenth-Century
Bali*, Princeton, N.J.: Princeton University Press.

Kantorowicz, Ernest, 1951, "Pro Patria Mori in Medieval Political Thought."
The American Historical Review Vol, 56, No, 3.

□ 방어적 민주주의와 남한의 보훈_ 전수미

권영성, 1992, 『헌법학』, 법문사.

김효전 옮김, 2007, 『현대 의회주의의 정신사적 지위』, 관악사.

김철수, 1990, 『헌법학개론』, 박영사.

박상섭, 1987, 「한국정치와 자유민주주의」, 『현대 한국정치와 국가』, 법문사.

양건, 2016, 『헌법강의』, 법문사.

한석태, 1987, 「5.16론」, 『한국의 민족주의 운동과 민중』, 두레.

김명수, 2016, "국가보훈제도의 헌법적 고찰", 〈공공사회연구〉 6권 3호, 2016.

五十嵐仁, 1984, 「政黨法の政黨規則(上)」, 『經濟』 新日本出版社.

Harold J, Laski, 1936, The Rise of European Liberalism, London: Geroge
Allen & Unwin Ltd.

Johannes Lameyer, 1978, Streibare Demokratie, Berlin.

대법원 2010.12.9, 선고 2007도10121 판결.

□ 국가보훈 속 '민주' 영역의 고찰_ 임수진

임수진, 2021, 「개념사 관점으로 보는 보훈: 독립·호국·민주의 가치를 중심으
　　　로」, 『한국보훈논총』 20(3): 35-61.
『동아일보』, 2001b, "[민주화유공자예우법 논란] 참전군인 '차별대우' 반발" 4.20,
　　　https://news.naver.com/main/read.nhn?mode=LSD&mid=sec&sid1
　　　=100&oid=020&aid=0000059855
『동아일보』, 2001c, "[정무위 공청회] '성격다른 유공자 통합예우 부적절'" 6.14,
　　　https://news.naver.com/main/read.nhn?mode=LSD&mid=sec&sid1
　　　=100&oid=020&aid=0000069497
『연합뉴스』, 1999a, "당정, 국가유공자 세분화 별도법 추진" 5.15, https://
　　　news.naver.com/main/read.nhn?mode=LSD&mid=sec&sid1=100&
　　　oid=001&aid=0004514462
『연합뉴스』, 1999b, "'5.18관련자 등 예우법' 어디까지 왔나" 5.15, https://
　　　news.naver.com/main/read.nhn?mode=LSD&mid=sec&sid1=100&
　　　oid=001&aid=0004507984

Koselleck, Reinhart, 1998, 「개념사와 사회사」, 『지나간 미래』, 한철 역, 서울:
　　　문학동네.

보훈교육연구원 보훈문화총서12

아시아의 보훈과 민주주의

등록 1994.7.1 제1-1071
1쇄 발행 2021년 12월 31일

기　획 보훈교육연구원·신한대학교 탈분단경계문화연구원
지은이 서운석 이경묵 심주형 이영진 전수미 임수진
펴낸이 박길수
편집장 소경희
편　집 조영준
관　리 위현정
디자인 이주향
펴낸곳 도서출판 모시는사람들
　　　03147 서울시 종로구 삼일대로 457(경운동 수운회관) 1207호
전　화 02-735-7173, 02-737-7173 / 팩스 02-730-7173
홈페이지 http://www.mosinsaram.com/

인　쇄 (주)성광인쇄(031-942-4814)
배　본 문화유통북스(031-937-6100)

값은 뒤표지에 있습니다.
ISBN　979-11-6629-077-0　04300
세트　979-11-6629-011-4　04300

* 잘못된 책은 바꿔 드립니다.
* 이 책의 전부 또는 일부 내용을 재사용하려면 사전에 저작권자와
도서출판 모시는사람들의 동의를 받아야 합니다.

* 이 책의 내용은 필자의 개인적인 의견이고, 보훈교육연구원의 공식적인
입장과는 관련이 없습니다.